辜鸿铭
国学要义

GU HONG MING
GUO XUE
YAO YI

辜鸿铭 著

当代世界出版社
THE CONTEMPORARY WORLD PRESS

图书在版编目（CIP）数据

辜鸿铭：国学要义 / 辜鸿铭著. -- 北京：当代世界出版社，2017.1
（名家国学大观 / 黄懿煊主编）
ISBN 978-7-5090-1153-9

Ⅰ. ①辜… Ⅱ. ①辜… Ⅲ. ①国学－研究 Ⅳ. ①Z126

中国版本图书馆CIP数据核字（2016）第274381号

出版发行：当代世界出版社
地　　址：北京市复兴路4号（100860）
网　　址：http://www.worldpress.com.cn
编务电话：（010）83907332
发行电话：（010）83908409
　　　　　（010）83908455
　　　　　（010）83908377
　　　　　（010）83908423（邮购）
　　　　　（010）83908410（传真）
经　　销：全国新华书店
印　　刷：三河市兴国印务有限公司
开　　本：620毫米×889毫米　1/16
印　　张：15
字　　数：210千字
版　　次：2017年1月第1版
印　　次：2017年1月第1次
书　　号：ISBN 978-7-5090-1153-9
定　　价：42元

如发现印装质量问题，请与承印厂联系调换。
版权所有，翻版必究；未经许可，不得转载！

目录

- 001- 孔教研究之一
- 006- 孔教研究二
- 015- 孔教研究之三
- 019- 孔教研究之四
- 022- 孔教研究之五
- 028- 中国文明的历史发展
- 037- 中国学（一）
- 044- 中国学（二）
- 050- 君子之道
    ——写给"京报"出版商的一封信
- 053- 一个大汉学家
- 060- 归国留学生与文学革命
    ——读写能力和教育
- 064- 告准备研究中国文化的欧美人
- 071- 君子之教
- 078- 什么是民主
- 088- 中国文明的复兴与日本
- 097- 关于政治经济学的真谛
- 114- 东西文明异同论
- 124- 现代教育与战争
- 129- 宪政主义与中国

145-	民主与战争
151-	义利辨
158-	附：作者中译版
161-	纲常名教定国论
165-	中国古典的精髓
169-	何谓文化教养
181-	日俄战争的道德原因
219-	群氓崇拜教或战争及其出路

孔教研究之一

子曰:"学而时习之,不亦说乎?有朋自远方来,不亦乐乎?人不知而不愠,不亦君子乎?"

——《论语·学而》

孔子在《论语》中所谈及的,绝对是出于一个真正有修养人的经验之谈。它说明,要想成为一个真正有教养的人必须要具备怎样的精神、怎样的品质以及怎样的心态。对于一个真正有教养的人来说,他首先应当对他所研究的事物倾注所有的、无私的爱。因为人只有钟情于所学,才能懂得其所学。如今人们正在肆无忌惮地谈论那已经变得声名狼藉的中国古代传统教育体制的缺陷,然而,据我所看到的孔子的经典而言,它依然是有其不可取代的优点的。在古代传统的教育体制下,如果一个学生可以有幸成为一名真正的受教育者,那么,他必定会是一位君子,一位真正具有良好品德修养的人。当人们热衷地谈论那些被引进到中国的新的教育体系与制度时,我则在心中对其表示怀疑。理雅各博士在谈及乾隆年间计划出版的带有注解的、由很多博学的大儒参与编纂的宏大典籍时,曾经说过:"外国人不应当小看中国的博学之士——也就是中国古代塾馆里的博学大儒们——他们自身也已证明他们对文化具有献身精神。"然而，那些新体制所培养出来的以及那些钟情于"新体制"的知识分子——例如曾参加过科举考试并高中"状元"的现任农贸部部长张謇（张謇现在也变成了新体制的主要支持者）——对文化都已彻底丧失热情，却只对铁路、采煤、石油以及兑换业务，也就是那些可以带来现钱的东西才怀有巨大的兴趣和热情。

而那些中国古代的饱学之士，他们虽然自身不可避免地存在着不足，但却都或多或少地拥有不少高雅的情趣。他们讨厌那种大型的聚会——有茶水、点心以及饮料，在一个很大的厅堂中举行的那种大型聚会。人们从不曾听说过古代塾馆中的博学大儒们在掌声雷动、彩旗飘飘、公众云集、万人攒动的报告大厅中作报告。古代塾馆的博学大儒们只是从那些和他们志同道合的朋友当中获取快乐；这些朋友并非是故意精心挑选的，大都是从远方慕名前来拜访的人。古代塾馆的儒生们所仰慕的人是孔子。他们对孔子进行学习研究，并尽量按照孔子的学说去身体力行。可是，他们并没有意图去建立孔子的教会，也不会自己高呼并力图让其他人也和他一起高呼"孔子！孔子！"在这些古代塾馆的儒生们眼中，儒教本身就是一种宗教，如同一个英国绅士在一位女士问他皈依哪种宗教时所做的回答："一切有理性的人的宗教。""但是，请问这样的宗教又是什么样的呢？"那位女士又问道。绅士回答道："一种一切有理性的人对此所达成的默契并且决不用来谈论的宗教。"

实际上，因为引入了"新学"，中国知识分子已经在思想上发生了极大的变化。孔子在《礼记》中说过："我听说，来和学是一种美妙的享受，但是我从未听说过，去和教是一种美妙的享受。"古代塾馆的学生们所希望的只是去学习，并致力于让自己的学识和修养不断地深厚，最终臻于完美。但"新学"所希望的只是去教导别人，仅仅去致力于所渴望阐释的一切欲望，去揭示他们发现的"新学"、体制、"信仰"、哲学、心理学以及宗教。假如古代塾馆的儒生们谈及"Erziehung"，他们会用"学问"二字去代指学习和探求。但"新学"体系下的学生们却将"Erziehung"的表达改变，他们将其称作"教育"，意思是指"教和育"。比如北京政府的教育机构如今就称作"教育部"（即教和育的机构），而不是称作学部（即学习的机构）。

也许你们要问，单单一个名字又能造成怎样的区别呢？这区别就是，古代塾馆的儒生只是为了让自己的才能得以增长而学习，以满足他们自身的需要，于是他们守着昏黄的油灯，三更灯火五更眠，去学习、研究古代传统的美德和智慧，而他们通过这种方式不仅可以学到真正的知识，并且还能拓展胸怀，以达到华兹华斯在《远行》中所描述的那种"关于天、地、人"的境界。而这正是一位真正的博学之士应该了解并具备的知识。

但"新学"体系下的学子却并不仿效此道，他并非是三更灯火五更眠，守着油灯学习古代的传统智慧与美德，而是以多种多样的方式涌到灯光明亮的孔教聚会大厅，向人们慷慨激昂地讲授如何建立起一个完美的儒家教育体系，或者到那些灯光明亮的基督教青年会聚会大厅去作报告，向人们讲述如何让每个人在社会公德方面如同作报告的人一样趋于完美！亨利·诺曼先生在其著作《新的日本》的某一章中，将日本称作"一个学校里的民族（意思就是好学的民族）"。但是对于"新的中国"而言，我担心，人们还无法将其称作一个好学的民族。孔子说过"古之学者为己，今之学者为人"。对新时代的中国来说，只能说这个民族兴建了很多学校，建造了很多造价昂贵的校舍，可是这一切都只是为了别人接受教育，并非让自己真正去接受教育。

英国诗人科伯在谈及他生活的那个时代的一位布道士时，曾满怀激情地对主教说过如下的话：

哦，你们头戴圣冕

保护教会！可你们却没能将

同样有力的双手放在那些

既无法教又不愿学的人的头上！

在当前的中国，假如一个人想要成为改革派或共和主义宗教的布道者的时候，并不一定要有个头戴圣冕的主教将双手放于他的头上，这件事是幸运还是不幸呢？这就要看你是如何看待的了。只是，因此而造成的后果是，在当今世界上，改革派及共和主义宗教的布道者早已变得参差不齐了。好的、极好的；坏的、极坏的，以及那些不好不坏的，简直就像是从北京大街上的小贩摊上买来的水果筐一样，缺少头戴圣冕的好主教的比率是十比一，乃至一百比一，他们从事监察及领导工作——这些没有任何才能的人，除去胆子大与脸皮厚外，基本是凭借运气才被人发觉，得以出头的。如今，和改革派与共和主义（也就是"新学"）宗教的那些胡作非为、恬不知耻的布道者相比，中国人尤其显得孤立无援，没有任何办法。据我所知，贫困的中国人一直到现在，还很难预见这所有的一切意味着什么。《圣经》说"就像瞎子在引导瘸子"，孟子则言之凿凿地说："贤者以其昭昭使人昭昭，今也以其昏昏使人昭昭。"

在这里我想要指出的是，中国目前面临的是没有任何希望的局势，就教育来说，造成这种局势的就是如今所谓的那些新学信徒们——那些如今已经是新学的教师或将来想要成为教师的人。在这里，借一位英国诗人的话形容，他们中的绝大部分人都是那些根本就没有能力教授别人、并且自己也无志于学的人。

那些作为中国及中国人民真正朋友以及对中国的教育有兴趣的外国人应该思考一下，对中小学生以及大学生们在精神、品质以及情趣方面的熏陶，远远要比他所学习的那些实用性的知识重要。我在本文开头时引论了孔子《论语》一书中的一段话，从那里你们就可以发现一个儒生所具备的真正精神（一位君子型儒生的精神）。我们可以这样来描述这种精神：首先，他一定要对他的所学怀有无限的爱心，他也会从中找寻到真正的乐趣；其次，他一定在和他交往的那些志趣相合的朋友身上找到欢乐，而非在有茶水、点心以及饮料的大型聚会厅中寻找快乐；最后当别人认不出他或对他毫无所知的时候，他不会产生报怨。假如外国的那些中国以及中国人的真正朋友，牢牢地记住了孔子所说的这些话，那么，当人们请求他们在教育事业上给予帮助时，他们就会去帮助那些值得帮助的人，帮助那些具备真正精神的博学之人。在当前新时代的中国，所需要的并非那所谓的焕然一新的新学、新宪法、新帽子或新靴子，而是一种新的精神，一种真正的精神、真正的君子之道，而这又恰恰和中国古语中所说一样：

"所谓道（精神），就是让万物充满生机的东西。"

孔教研究二

有子(孔子的一名弟子)曰:"其为人也孝弟,而好犯上者,鲜矣;不好犯上,而好作乱者,未之有也。君子务本,本立而道生。孝弟也者,其为仁之本与!"

——《论语·学而》

孔子一辈子都在强调教育教学与文化的重要性。这方面孔子与培根的观点相同,培根说过:"专业人员只能做一些局部工作或者是对其加以评断。然而总体规划以及对事情的设想和领导,最好还是让智者去做。"根据孔子的学说来看,教育自身并非目的,教育和文化应当一起为一个目的服务。一个好的学生并不单单是为能成为一个伟大的、有知识的人而学习,即便是在勤奋学习的过程中,陪伴、慰藉、酬报他的那些欢乐和陶醉本身,也非主要目的。当有人对中国的成语"开卷有益"津津乐道时,程颢——这位宋代的博学大儒、严谨的孔子式的清教徒——则回应说:如果没有方法和目的,仅仅是为了从书里得到消遣的那种无计划的读书,就如同是浪费光阴,并且那种读书也会将我们的灵魂玷污。一个好学生在研习经典著作过程中的唯一目的与目标应当是:理解生活,探究人生之道，进而懂得我们应当如何生活，如何去过一种真正意义上的人的生活。

如若遵循孔子的教诲，按照他教导的那般去完善自我修养，尽力去做一名好学生，那么我们就要在孔子弟子的言谈中找到孔子学说中那些关于如何生活、如何真正地生活的真谛。而想要弄清我们应当如何生活的话，首先我们一定要明确一个问题的概念，那就是我们是为什么而活？我们都知道，基督教教义是这样表达人类最主要的目标的："人类之根本目的，就在于赞美上帝。"这样一种理解或许很正确，但却不够明确。在这方面，如同我们所看到的那样，孔子的学说是十分清晰明确并且没有任何歧义的。"孝弟也者，其为仁之本与！（意思是说人生之本在于孝悌）"据我来看，这恰恰正是孔子学说和别的大的宗教思想体系或者说真正的宗教（如佛教与基督教）的根本区别之处。佛教与基督教的宗旨之一是教育教导人们如何成为一个好人，而孔子的学说则在这上面更进一步，它教导人们如何成为一个好的社会性公民。佛教与基督教告诫人们，如果他们想要成为一个好人，一个上帝之子，他们便只需思考灵魂的状态以及对上帝的义务，而无需思考现实社会。而儒教作为另一种学说则认为，对于保持良好的心境来说，思考灵魂的状态当然是十分必要的，但与此同时还必须去思考上帝用来安置人类的社会，以便按照上帝的意愿去完成其功业。如果人们希望可以对上帝尽义务，那么与此同时他也需要对人类尽义务，也就是孝悌的义务。实际上，宗教在原本意义上（如佛教与基督教）就是告知人们，当人们作为公民居住在这个世界上时，就无法成为一个好人。因而要想做一个好人就需要下定决心脱离现实世界，也就不再是一个公民。换句话说，原本意义上的宗教（如佛教与基督教）是这样的：为人们筹划如何隐迹在山野荒林，同时它也是为那些在北戴河避暑的小屋中，不干其他事，而只对其灵魂状态以及对上帝的义务进行思考的人而设立的。而孔子学说中的精义却和其大相径庭。只要人们乐意，可以将其称作宗教，也可以将其称作道德体系，它告知人们作为公民应当怎样生活，也就是为那些卡莱尔说的"要纳税、付租金和有烦恼"的人而设立的宗教。

简而言之，人们可将这种孔教称作良民的宗教。可也会有人说，它压根就不是一种宗教。的确，它也许本来就不是一种宗教，我原本也承认，它并非是为那种笼罩着神圣光环的圣者设立的宗教。而是一种对那些纳税的、交房租的普通百姓而设立的宗教，故此它并非是一种享乐主义的宗教。正是由于它并非是为那些狂热的圣徒而设立存在的，它也就不属于那些幸运的宠儿的宗教。这种宗教里面的教徒，是没有条件在北戴河的避暑小屋中安逸地生活的。在此我想要指出的是，生活中奉行孔教的教义准则要比奉行佛教与基督教的教义要困难得多。假如有人想要成为一名优秀的僧人或基督教徒，只需要举行剃度，披上袈裟，住到寺院或北戴河，在那里冥思其灵魂状态以及对上帝的义务就可以了。但是，要想变成一位优秀的孔教弟子，那就不单需要思考其灵魂状态以及对上帝的义务，而且需要思考对全人类的义务。要切实地履行责任、善行以及礼数，要像对待岳母一样地对待共和国的首领。简单地说，儒教（孔子的学说体系）就相当于孝悌的宗教，它并非是一种享乐主义的宗教。另外，我还想说明的是，虽然儒教（孔子的学说体系）不是一种灵光四射、让人疯狂的宗教。可它却与佛教和基督教一样在世界上获取了一样伟大、辉煌的成就。如同渊博的中国文化学教授罗伯特·肯纳韦·道格拉斯先生在伦敦大学说过的那样："虽然儒教只是一种适合于平淡而非极富冒险之胡人精神的实用性道德体系，但它却是一种无可比拟的强大力量，足以让亚洲大陆上的大多数居民统一在一个泱泱大国当中，而且让其生活在一种秩序与和平当中。"

在如今的中国，最让我诧异的是，那些满脑子带着"新学"来到中国的人们，却去教育那些原本就将良民宗教当成自己唯一宗教的中国民众如何去做一个良民，如何在社会道德中将自身完善；并且教育那些拥有世界上最悠久古老的历史文化的中国大众如何去治理自己的国家。在这点上，那位前往埃及去对英国的政治家讲授应当怎样治理大英帝国的美国总统罗斯福是不会提出异议的。但实际上人们不应当对此感到讶然，因为在如今中国的这些所谓的"思想家"是那样的厚颜无耻、鄙陋不堪，然而却依然和外国人一样享有特权。但是对我们来说，事情最滑稽（或者说最可悲或其他别的什么叫法）的一面是"新学"中向一个国家的民众所展示的治国之术，这早在罗马帝国前期就已不再是什么新鲜东西了。但这些所谓的博学之士，这些接受过教育的人里面的精英，这些帝国里的精神贵族们不但将这种无聊的东西提出，还在小心翼翼地守护着这种"新学"，并且对其坚信不渝。但这在我看来，只有一千九百年前的义和团所呈现的那种扭曲的癫狂精神以及昏聩糊涂可以和其相提并论。这些东西，全是些看起来不错的装满新酒的旧酒囊饭袋，如同现在人们在中国见到的效仿欧洲人的穿着四处游荡炫耀的中国人一样。

严格地说，我认为，假如世界上还有值得中国人民需要向别的民族学习的东西,那肯定不是统治之术。英国有一句很好的谚语："布丁的味道，只有吃了才知道。"除去古罗马，也许还能加上现在的英国，从古到今，还有哪一个民族在统治如许庞大的国家上所取得的成功、在政治统治上所获取的成功能够和中国人民的成功相媲美呢？这里我所说的统治，自然不是指那些制定宪法、召开国会、议论政治以及大声吵闹之类，而是指让整个国家都处在和平和秩序当中。

既然中国人民在统治上获得了如许杰出的成就，那么其获取成就的秘密是什么呢？其实这个秘密并不是什么深奥的东西，而是包含在这么一句看起来十分寻常的格言中："有治人无治法。"换句话说，中国人民之所以能在政治统治上获取如此巨大的成就，是由于他并没有在宪法上煞费心力，而是找到了统治之道的根本，可以让中国人自觉地让自己成为良民（孝悌者）。我们的那些立法人包括一切伟大的立法人不是致力于法律、法规和宪法的整治，而是依靠他们所挑选的那些适合的人。我想在这里指出，中国的帝王或者说君主的真正任务并非是统治，不是忙于细节的管理，而在于选拔出合适的人才。他先是对他们所选拔出来的人所展示的良好的精神和风范予以鼓励，并静观其变，看他们是不是拥有真正良好的精神和风范。简略地说，中国统治者或者说帝王的真正任务，不单是需要担负起培养国家公务人员良好品格的职责，而且需要担负起培养全民族良好品格的职责。实际上，对于中国官员来说，他们的任务除去管理外，更主要的是负责培养全民族良好的品格，以便让人民具备自觉的精神而非仅仅是依赖政府。歌德对什么是最好的统治形式这个问题给出一个回答："最好的统治形式，是让统治成为一种多余的形式。"

已故去的麦嘉温博士在他的有关中国人共同生活的描述中说过："人们所观察到的这个民族最引人注目的特点就是他们的组织和联合能力，同时这也是人类社会文明的最明显标志之一。对他们来说，组织与联合行动十分容易。原因就在于他们内心具备一种对权威的尊崇以及遵纪守法的本性。他们这种温驯平和并不等于那种精神衰落的、遭受阉割的驯良，而是源于一种习惯性的自制，和长期在地方、村庄或市政事务里保持着自治而出现的结果。相对于国家而言，他们更多地学会了自我依赖。如果将这个民族里那些最为贫穷以及从未接受过教育的人带入某个荒岛上面的话，他们将能迅速地将自己组合成一个政治实体，如同那些接受过理性民主教育的人们所采取的举措一样。"

中国人治理国家之所以获得如此巨大的成就，秘密就在于"有治人无治法"这个原则之中。这原则是他们所需要并为之一心一意所致力的，教化着大众，让他们遵循孝悌，而非为了制定宪法而煞费心思。另外，正如麦嘉温博士所谈及的，他们遵循孝悌之教并获得如此杰出成就，秘密同时也在于他们内心深处对权威的尊崇。而这种基本准则正是整个教育体系的基础，同时也是古代知识的传授与宗教（也就是中国的良民宗教）的基础。因为内心深处有一种对权威的尊崇，所以我们中国人向来拥有麦嘉温博士所声称的那种"理性民主"。起码从公元纪元的汉朝开始到民国之前的情况一直都是这样，假如我们内心深处不具备对权威的尊崇的话，我们得到的就只能是大家都知道的目前所处的"无政府状态"的共和政治下被人们称作"非理性民主"的东西。虽然中国的政治统治一直是君主政体，可我们却从未发生过专制，但现在人们却一致认为，中国的统治（一直到如今的共和时期）始终是一种独裁统治。假如一个民族拥有一种理性的民主精神，如同中国人民始终都拥有的一样，那么，专制就无法存在。中国历史上仅仅出现过一次专制，也就是秦始皇的暴政，他下令将书籍焚烧掉，那个时代的中华民族被那种"非理性民主"精神给吞噬了。实际上，这种"非理性民主"造成的后果——也许算是对它的治愈——正是独裁。"非理性民主"越厉害,独裁政治就会变得越可怕。

在我看来,我们在中国是一直拥有"理性民主政体"的,虽然从统治方式上来说一直是君主统治。然而中华民族却始终是一个民主的民族。我敢这么说,就我所知,中国人(这里我所指的是真正的中国人,而非人们现在在中国大街上或政府某些机构中见到的、在打扮上模仿欧洲人的那帮人或者说是乌合之众)现在是世界上唯一的一个真正民主的民族。著作《中国佬约翰来书》的编者英国剑桥大学的罗斯·迪金逊教授,在他的最后一本游记里写道:"以前我从未到过这样的一个国家,这里的人民是这般的自尊自立并且这般的热情。例如在美国,每个人都以为有必要对你保证一点,那就是他和你同样和善,但实际上他们却非常粗暴地对待你。但在中国却大为不同,因为你可以明显地感觉到他们对你的和善。他们不具备那种个人权利的自我意识,却又不像人们在印度随处都能看到的那种匍匐在地上的卑下胆怯。中国人是真正的民主主义者,这一点从他们如何对待自己以及如何对待同胞的态度中就可以看到,他们已经达到了民主主义者一直期望西方国家所需要达到的那种标准。"也正是因为这些,我认为,现在中国人民是世界上唯一的一个民主的民族。而真正的"理性"民主主义者与"非理性"的民主主义者的不同也正在于此。那些真正的民主主义者,他们从未想过你和他们有何差距,而那些虚伪的民主主义者则在自我意识中感觉他们的确赶不上你,却又妄图通过维护自我意识去证明他们和你同样优秀。真正的民主主义者考虑的不是自己的权利,而是自己的义务。虚伪的民主主义者则会坚守自己的权利,而不履行自己的义务。理性民主和非理性民主的本质区别也正在于此。

我想对那些中国以及中国人民的真正朋友、那些对严肃关注着当前发生在这块土地上的事情的外国人说一下，中国的希望所在，既不是袁世凯，也不是那些用舞会与茶会款待外国人的效仿欧洲的假洋人们。我想对那些外国人说的是，中国的希望在于麦嘉温博士所说的中国人内心深处对权威的那种尊崇，在于一种良民宗教！虽然我们在最近的两年半的时间里经历了剧烈的动荡，面对着一个除了搜刮挥霍财物、胡乱发布条令以及不断许愿之外什么也不去做的政府，可是，在如此一个泱泱大国中，人民依然在遵循着和平和秩序。仅仅就这一点，就能够让外国人诧异不已。对于这些现实，我们应当感谢的并非如很多外国人所想象的那样，是袁世凯的机敏聪慧或他的某位臣卒，而是中国人民还未曾丢掉他们内心深处对权威的尊崇以及良民宗教。简略地说，如今中国的希望不在于袁世凯，而在于孔子的良民宗教。在文章的开篇，我引用了孔子一个弟子的话，你们可以从里面发现对这种良民宗教的简洁阐释，并且还能将其要点做如下归纳：第一，和平、秩序和安宁乃至国家自身的存在，不是依靠法律与宪法，而是依靠中国的每个子民都发挥自己最大的力量，以此去过一种真正的虔诚生活，或者更现代地说，过一种道德的生活；第二，孝悌应该被当做道德生活或者说虔诚生活的根本；第三，良民宗教的秘密在于人们履行义务而非争夺权利。人们对权威并不表现出不信任以及怀疑，而是表现出尊崇。对这种良民宗教，孟子曾用一句话加以概括："爱其亲，畏其上，世永昌。"

如果那些中国以及中国人民真正朋友的外国人可以真正明白孔子弟子这段话的话，就可以对中国的各种事情有更好的理解，这就远胜于去读如白克好司与濮兰德所写的有关中国的那些浅显的书。国家的兴衰并不是如白、濮两位先生书中所展示的那样，最终取决于那些仆役、随从们好的或坏的品质，也就是那些给帝王或皇后们擦靴子、提包以及撑伞的人的品质。那些力求明白孔子良民宗教的外国人将会懂得，中国的和平、安宁和有序并非是依靠帝王的仆役、皇后的侍女们那类人的品质，而是依靠生活在这块土地上的一切人们，不管是尊贵的还是卑下的，国外的还是国内的，都应当发挥自己最大的力量，以此去过一种真正的虔诚生活。也就是说，他们所有的举动都是在尽自己的义务而非坚守自己的权利，即尽自己良民的义务。外国人中那些中国及中国人民的真正朋友在明白这些以后，便有利于阻止那些反对以及有损良民宗教的行径，如"不要脸、放肆、粗野、卑鄙"等（那些少数乐意并可以与其作斗争的人如今正处于观望之中。因为正如我所说过的，凭借这些所谓"新学、进步、自由以及共和主义"的中国人，他们在中国如同外国人处于境外法权中一样，压根不受任何孔教的制约），而非容忍或鼓励这一类行径。假如做到这些，外国人中那些中国以及中国人民的真正朋友，不单是在帮助在这块土地上的人们去重建和平和秩序，还可以支持世界上那些真正的文明事业，支持真正的进步以及真正的自由。这是由于真正的自由，如同法国人茹伯所说的一样，它所指的并非政治上的而是道德上的自由、不是自由的人而是一种自由的灵魂。在中国话语系统中对"自由"的初始叫法也是指道德与灵魂的自由。如果中国人想要说一个民族没有自由的话，他们就会说这个民族中没有"道"。"道"在孔子的学说中所指的是一种本质性的法则。而本质性的法则又是所谓"天命"的表现。故此，中国人所说的自由实际是一种自由的灵魂，这是人生本质得以实现的法则。因此说这种自由是一种道德的自由，也就是对"天命"的服从，如同《旧约》中所说的："我欢快地漫游，因为我是在寻找您的旨义。"

孔教研究之三

子曰:"舜其大知也与!舜好问而好察迩言,隐恶而扬善,执其两端,用其中于民,其斯以为舜乎!"

——《中庸》

此处所讲的用于描述中国古代帝王舜的语句,也可以被人们用来评论如今欧洲的两个伟大智者莎士比亚与歌德。莎士比亚智慧的伟大在于他全部戏剧里都没有那种本质上彻底败坏的人。我们从莎士比亚的戏剧中能够看出,如同理查德国王那样一个被他的臣民想象成恶魔的驼子,并非是一个"花脸"的恶棍,甚至也非一个彻底卑鄙的坏人,恰恰与之相反,他拥有一个英勇的英雄一样的灵魂,只是受到自己内心强烈而失控的报复情绪的驱使,致使做出了残忍恐怖的举动,最终将自己置于一个悲惨结局之中。实际上,所有莎士比亚悲剧作品里的悲剧,都和人类的现实生活一样,不是人性的恶所导致的悲惨后果;也不是本质意义上恶棍的悲剧。这种本质意义上的恶棍也只可能存在于那些龌龊智慧的小人们的想象里。这种悲剧是让人悲痛惋惜的,是勇敢善良的、具备英雄一样高贵心灵的人们因其内心失控情绪的驱动而导致的让人同情的惨痛,也就是说,他们是被自己内心失控的情绪给推上悲剧之途,以至于造成那种悲剧的结局。而莎士比亚智慧的伟大之处也正在于此。

如若我们通过透析莎士比亚的智慧,便能够看到,一个人的邪恶只是因为其情绪强烈的失控而造成的。这在伟大的歌德的思想里也能够发现,即便是一个魔鬼,他也并非是由火和硫黄构成,甚至他也不是一个真正的恶鬼,却只是一个处于否定状态的灵魂,它不停地将一切否定,而事实上它只是本性没能得到全面完善的发展。此外歌德还说过:"我们所谓的人性里的恶,仅仅是一种不完善的发展,一种畸形或者说是变态,是某种道德品质的缺失抑或不足,而非绝对的恶。"因此,我们上面所引述的那段孔子的文字,其洞察力是何等的深刻与准确,换句话说,作为一种伟大智慧的真正特征,便是可以在事物的本性中,只观其善而忽略其恶。

爱默生也曾说过:"我们评价一个人的智慧,所根据的是其希望的大小。"如果真的如此的话,那么,在个人以及民族中那被称作悲观主义的东西的流行,便是智慧欠缺、不健全,或者是畸形变态的一种明确标志。在这里我想要指出的是,在当今的欧洲思想界以及文学界中,之所以会流行悲观主义,完全是由于现代教育(那种由国家鼓励与支持的、让每个人都能够接受教育)的必然结果。这种教育注重的更多的是教育的数量而非其质量,注重的只是那些质量不高的受教育者的数量,而非真正意义上受教育者的质量。简略地说,这种更多地注重数量而非质量的现代教育体制的必然结果必定是一种算不上完善的半拉教育。这种不算完善的半拉教育,一定会让人的本性无法得到完善的发展。歌德说过,魔鬼——这种无恶不作的幽灵的化身——只是些本性发展不完善的东西罢了。这样来看,当前欧洲现代半拉教育制度的普通产品——事实上正是魔鬼的化身。魔鬼最明显的特性，如同我们在弥尔顿身上所获知的，其积极面的表现是：高傲、狂妄、自以为是、野心勃勃、肆无忌惮、不服管制，压根不承认也不敬畏道德法则或其他什么事物。所有的这些特性你们都能够在不完善的现代教育体系中的普通产品里找到，假如你恰巧遇到了一个强悍的性格粗暴者的话。而魔鬼本性里的消极面的表现是：卑鄙、冷漠、嫉妒、猜忌，以及对人、人的本性与动机乃至一切普通事物的悲观主义。所有的这些特性，你们同样也能在现代不完善的教育体系中的普通产品里找到，假如你恰巧遇到一个性格软弱者的话。

当人们思考这样一个事实的时候，也就是如今世界的人类幸福与文明事业，实际上是掌握在现代半拉教育体系的不幸产物（即那些具备我上面所说的所有特征的人）的手里——恰恰是这些人构成了当今欧美所声称的受过教育的人以及统治阶层里的大多数人。如果人们能够始终记牢这一点的话，那么就不会对当今世界为何如许混乱而感到诧异了。如同当今我们在欧洲所看到的、正在进行中的"科学残杀"（也就是被称之为文明产物的战争）一样。造成如今所有事务陷入到巨大困境之中或者缺乏道德社会秩序的真正原因，如果人们追究原因的话，将会发现这正是理智退化、不完善以及衰落的后果。而这种理智的退化、不完善以及衰落，又是现代为国家所支持的（然而却是错误的）教育体制，或者更确切地说是不完美的教育体制，也就是过分地注重教育数量而不讲究教育质量的必然产物。如果想要将世界上真正的道德社会秩序重建的话，就一定要从根本上改革这种为国家所支持的错误的现代教育体制。在这场改革中，第一步应当是：严格控制受教育者的数量、提高受教育者的质量，同时节省对设立研究院以及大学所做的投资。如同爱默生所说的："不要为了那些蠢材以及不宜受严肃高等教育的人进行投资，而应当将这些钱用于鼓励及资助少数真正适合接受高等教育的人，增益其所不能，让他们的教育从本质上臻于完美的境界。"简而言之，在国家的教育体制上，应当采取如我们中国人古代以及日本人明治维新时期所采取的名为"养士"和"造士"那样的国家教育体制。

也正是出于担忧对教育以及自诩受过教育者的数量不受限制地增长所导致的可怕后果，歌德晚年时倾向于这样认为：马丁·路德对欧洲文明倒退了两个世纪应当负有责任。这是由于路德将《圣经》译成了通俗的德国语言，给在真正受教育的绅士中将拉丁文废弃铺平了道路，并给那种随随便便的数量不限、每个人都可以成为受教育者的简易教育打开一扇方便之门。至于其结果，现在我们都已经有目共睹了。

孔教研究之四

子曰:"人皆曰'予知',驱而纳诸罟擭陷阱之中,而莫之知辟也。人皆曰'予知',择乎中庸,而不能期月守也。"

——《中庸》

本书的作者在上一章中曾指出,世界上的无政府状态以及缺乏社会道德秩序的状态,是因为人类智慧的缺欠以及不健全而导致的,并且引用了孔子的一段话去说明伟大的完善且健全的智慧的真正特征。在这一章中,他又用了孔子的另一段话来揭示这些所谓的智者们在私人以及公共事务中缺乏教养、惊慌失措的举止,将他们这种不完善精神的自负和无用予以说明,他们是如此的惊慌失措,如同是陷入到一个罗网、圈套或者陷阱里,有时候,人类的这种失控情绪会将自己的生命或这个世界推到一片混乱之中。

当一个人陷入到无序与混乱时,他头脑里或心中自然而然地会首先想到的,是怎样从中脱离出来,从而将困境摆脱、走出僵局;而在摆脱困境、走出当前僵局的渴望与激动中,人们常常会被引诱着去考虑这样的、那样的或者某些狡诈的逃避以及诡计,特别当他是一个聪明人时,情况更是这样。可是,实际上这种诡计非但无法将其从困境或僵局中解救出来，反而只能让其陷入到更大的困境或僵局里。正是因为这个原因，我们时常会看到如今当某个民族或世界事务陷入困境或僵局的时候，总会有一些自认聪明的人，那些渊博的、勤劳的却又让人难以理解的人站出来给出他们的改革方案，提出那些诸如立法机构、征税、采纳金本位制等看似聪明的计策；更有一些野心家，甚至提出教育的、玄学的、数学的方法以及宪法的几何样式等花招。最让人感到诧异惊奇和不可思议的，还有那种所谓的用新式的算术法则去教育人们如何不施展骗术就能够占到其父母兄弟便宜的政治经济学。可是，一切这些智者的无知恰恰是由于他们的聪明与博学导致；他们对一个简单的事实置若罔闻，那就是，如果你想要一个人在改革他陷入困境的事件中获取成功，你就一定要首先明确地告诉他怎样改革其用来实现这种改革的手段，即是他个人本身。如果这个人的自我状况、品德行为、思想情感方式以及生活行为的方式，全都处于一种无需改革的状态，那样的话，他也就不会陷入到事务的困境之中。但是，如果他的自我状况的确需要改革，那么，他的事务所处的状态也就可想而知了。很明显，在这个时候，不管你教他任何复杂的方法或任何处理关于其事务的办法，都无济于事。实际上，只有当那个陷入事务困境的人将其自身（他的自我）调整、改良好，那个可怜的人才能够处在一种适宜的状态中，要不然，不要说去推行有关他事务的那些美妙智慧的改革计划，即使是想要了解他所处的陷入困局的事务的真实确切的状态以便可以利用改革计划产生任何好的效果，也是不可能的。

换句话说，在一个民族里，一个人或者众人在实行任何有关自身事务的改革计划之前，都必定要首先着手改革自我以及自身。简略地说，道德改革必定要置于一切其他改革的前面。

故此，这一点是无疑的：对个人、民族乃至世界而言，当事务陷入到僵局和困境时，能够正确的摆脱之路只有一条，那条路是这样的简单（如同孔子所说），那些自诩聪明的所谓智者们居然置若罔闻是何等的让人惊讶！实际上，用简洁明确的话来说，那条路就是恢复你性情中的平和状态，保持你冷静公正的判断；回复到那个真实的自我，或者用孔子的话来说"致中和"（也就是找到你道德本性的中心要素与平衡状态）。

因此，简而言之，道德改革的意思就是回复到那个真实的自我。当一个人或者一个民族的事务陷入到僵局和困境的时候，一旦你恢复了平和的性情和冷静的判断——一旦回复到那个真实的自我状态——那个时候且也只有到那个时候，这个人或者这个民族才可以了解到其事务的真实的确切的状态。唯有了解到了其事务所处的真实的确切的状态，他或者他们才懂得采取和事态相吻合的行为路线以便让其回复到正常状态，回复到那种天然和谐的原本状态里去。事实上，也就是去做那些人们称作合乎道义的事情。当一个人把握住真实的自我、让他可以看见并去做合乎道义的事情的时候，那么，不单单是那个人以及事物，包括整个宇宙，那被相同的道德秩序统治、相同的事物秩序及体系统治的宇宙，都将响应和顺从他；并且，关于以及围绕这么一个人的所有事情，也都会马上重新回复到和谐以及无比广阔的秩序中去。

孔教研究之五

子曰:"天下国家可均也,爵禄可辞也,白刃可蹈也,中庸不可能也。"

——《中庸》

本书的作者在前一章里对那种伟大精神的特征进行了描述,指出了那种半拉子智者的自负和无用,以及那种虚假的古希腊人文主义的特点;而在分析希伯来主义这种类型的那一章里,我又引用了孔子的另外一段话,用来指出虚假的希伯来主义的特征,也就是损害与摧残在人类本性的道德、情感或宗教方面所失去的平衡。世界宗教史用其禁欲主义以及狂热主义的宣言表明,孔子在这里所指出的虚假的希伯来主义或者说人性在道德、情感与宗教方面平衡的缺失是何等的准确。

歌德说过:"宗教的虔诚并非最终目的,而只是一种手段,也就是通过最大程度的宁静,去实现文明或者人类完美的最高境界。"在这里歌德所谈及的宗教虔诚,那种基督教与佛教谆谆教诲的道德,同样也是日本武士道精神所主张的道德,也就是自我克制、自我牺牲、勇敢地面对痛苦或者对死亡毫无惧色。这些日本武士道所标榜的品德,也并非最终目标,而仅仅是达到这种目的的一种手段。是的,如同马太·阿诺德所说的一样:"基督教并非是一套僵死的、古板整齐的行为规范的集合,而是一种性情的、心灵的状态。"或者更准确的说法是:基督教、佛教甚至是武士道,都仅仅是一种风气训练、一种人类个性与精神的教育方法。这种风气训练是由某些品德训练组成的。它在基督教与佛教中表现为虔诚,但武士道中则表现为自我牺牲以及勇敢。正如歌德所说,这些品德的训练并非最终目的,而仅仅是一种让个人或者民族可以培养出其精神以及个性完美状态的途径,凭借这种完美的精神与个性,从而到达人类最高的完美境界,而这种最高境界对于一个民族而言,也就是文明的最高境界。

不过,这种对品德的修炼却以一种过火的或者说是以一种抵触、危害其终极目的的形式贯彻着。这样一来,这种训练并非是在培养人的完美个性及精神,反倒是在将其摧残、损害,这样的一种训练就成了一种有害而非有益的训练。举个例子,这种自我克制的训练,当其被滥用(如同古代斯多葛派的禁欲主义者那样)被一种仇恨与怀疑的精神所操纵;或者像早期的基督教徒以及现代神圣同盟军被一种盛气凌人的好斗的思想所操纵的时候,情况同时也如此。如果从一种宇宙秩序的角度来评判的话,这就不再是一种品德,而是一种恶、一种罪;这是由于它并非是去增加而是去损害个性和精神的和谐美妙,并以此严重地危害人类完善的事业以及世上的真正文明。与此相同,那种日本武士道所提倡的勇敢或者说面对痛苦和死亡毫不畏惧的品德训练,当它在被滥用或被在一种仇恨和怀疑的精神下去进行,便会成为一种精神狂热或者道德疯狂,因此也就不再是一种品德,而是一种罪和一种恶,这样一来,这种训练也就不再是那种真正的武士道的训练。

实际上，罗斯金说得十分正确。一个士兵的真正职责并非是杀人而是被杀，可士兵却无法不负责任地将自己的生命放弃，他必定且只能是为一个目的——一个真正的目的，也就是变成一个真正的士兵而捐躯。那样的话，这个真正的目的为何物，以至于让那些富有道德的人甘心去当兵呢？毛奇（现代欧洲最伟大的思想家）以及孙武（中国最伟大的战略家）全都一致认为，真正的战略与战术是用尽可能少的杀伤去赢取最大的胜利。这种尽可能小的杀伤不单单是对自己这一方而言，对敌方而言也一样。与此相反，通过对方不必要的伤亡去获取胜利是一种最糟糕的战术以及下下策。现在我们明白了一位君子甘心去当兵打仗的真正目的。最伟大的战争艺术家对我们说：在战争中人们所追求的目标应当是不战而缴获人之兵器。同样的道理，战争的真正目的就是缴械：解除那些夷人的武装，解除那些失去理性的、残暴的、荷枪实弹的危险疯子们的武装，解除那些由那一类疯子们所构成的危害破坏道德、公共秩序、社会秩序甚至是整个世界的文明事业的民族武装。对于一个士兵来说，真正的荣誉不在于杀敌，而在于他愿意为解除危险的、荷枪实弹的疯子们的武装而献身。正是这个原因，一个真正的士兵去打仗、去参加解除危险疯子们的武装斗争时，他所具有的个性和精神状态不是愤懑、蔑视或者狂热，而是一种由于义不容辞的职责而产生的悲哀以及无穷怜悯痛惜之情。当一个真正的士兵在试图解除危险疯子们的武装战争中被杀死的时候，他心里并没有充满对敌人的怨恨、蔑视与复仇，而只是有一种满意的平静的神情，因为他已经尽到了自己的职责，完成了他整个天性（即自我）所告诉他要去做的正确事情。因此，那种真正的武士道的训练，依靠的不是让人的身心失去对死亡的痛楚与畏惧感，而是依靠调节那种愤怒、憎恨以及报复的本能冲动，让那些冲动的情欲受到控制，让它们无法扰乱人的个性与精神状态上的安静和平衡。

那种一名真正的士兵去参战并且战死时所具备的精神、个性和心灵状态，可以在戈登将军的生和死里面最为分明地看到。戈登将军的生和死是现代武士道的最真实典范。我已经说过，武士道是一种教化人让其可以臻于完美境界的精神、个性以及心灵状态的风气训练。在这里我要补充一点，一个真正的士兵在活着的时候所处的生活，就是一种受约束的，尤其是对其自身来说是一种受约束的风气训练。而他一旦在一场必要的战争里牺牲，便成了为他的国家以及世界的一种风气修炼。戈登将军在喀土穆面临死亡时所具备的那种精神、个性和心灵状态，如同他在临终日记中所描述的，已经和这个世上人类精神和个性训练所可以达到的风气至境相接近，也就是歌德称作圣哀之极的殉难风气。卡莱尔说过："你可以像古希腊人泽罗教导的那样，不惧苦难踏向人间的大地，那还是微不足道的，当你受尽了它带给你的苦难，甚至恰恰是因为遭受了它带来的苦难，你依然还可以爱它，那才是至上之境。因此，需要一个比泽罗更为伟大的天使降临到世间，如今，这样一个伟大的天使已被派来。"

在上文中我已经对那种道德做了尽可能详细的说明，它是一种道德教育与宗教教化的目标，而非这样那样或任何别的特定品德的训练。道德教育的目标是促进以及造就某种个性、精神，以及心灵的状态。如同一切伟大的宗教体系一样，基督教的本质与力量，并没有在任何特定的教条甚至是金科玉律中存在，也没有在后人所归纳成体系并称作基督教的理论汇编、宗教戒律中存在，而是存在于基督为之生、为之死的那种完美的个性、精神，以及灵魂状态之中。

中国的孟子时代，有伯夷和叔齐这两位著名的贤人，他们生活于乱世，处在以文明为理由而兴起的军国主义以及战争的环境之中，为了保持自己的操守，他们拒绝和乱世同流合污，心甘情愿地饿死在荒僻的山脚下面。孟子在谈及这两位贤人时说道："故闻伯夷之风者，顽夫廉，懦夫有立志。"

我已经说过，道德教育的目标不是这样那样或别的任何特定品德的实践，而是促进与造就某种个性、精神以及心灵的状态。而促进与造就完美个性、精神以及心灵状态的途径却只有一个：那就是将其置于世界上那些伟大创教者一样的宗教天才的影响之中，学习并理解他的生活、行为戒条，甚至是他的情感与思维方式，也就是他的个性、精神以及心灵的状态，事实上也就是我们中国人所说的"道"——一种生存或生活方式。所以，我大胆指出，那种道德教育的目标存在于《新约》中的这么一句话当中："向我学习，因为我天性温和、内心谦恭，这样你就可以发现灵魂的安宁。"或者如《论语》中所说的"夫子温、良、恭、俭、让"一样。当这样的句子被学者们加以恰当的理解、领会的时候，它对于他们道德品格、个性、精神以及灵魂状态的培养，将远超出东京与柏林那些造诣最高、最博学的教授可以制定和希望指定的那套有关公德和私德的最精确呆板、整齐划一的规则。马太·阿诺德说过："想象那些以正确科学化的语言，或者去掉了旧式错误的新式花言巧语去表述的行为和道德准则，可以收到和我们已经长时间的习惯、情感以及喜好已为之系统的旧式准则和劝诫所可以收到的相同效果，则是一种错误。但是，迂腐的学究却总是如此想象。这类错误早已是司空见惯了。它所表明的只是我们当中还有多少人身上充满着这种迂腐之气而已。关于道德准则的正确科学化的表达，对于大多数的人类众生来说,一点也不曾取得成效,希望一种新式的花言巧语式的表述,可以像基督教(或者中国的圣书)那旧式熟悉的表述一样吸引人心、激发想象,可以拥有那些表述所达到的效果,除非这种表达是出自于一个宗教天才之口,可以等同于旧式的描述时才有可能。可以断定,以一种新式的花言巧语的描述来传达必需的东西是无法做到的。奥古斯特·孔德的那种极端迂腐,正是体现在他自认为可以做到这一点的虚假的想象之中。而其弟子们的迂腐,则取决于他们对其师虚假想象的继承程度。"

中国文明的历史发展

我们以前只知道我们东方自身的文明,但是如今,一种崭新的文明出现在我们面前,那就是欧洲文明。

要想了解这种欧洲文明,首先必须要充分明晓摆在我们面前的各种文明,必须对它们进行深刻的研究。在对各种文明的研究方面,我曾用了十分之长的时间。我在研究过了中国原本的文明以及西方文明之后,得到这样一个结论,那就是这两种文明在发展形式上其实是相同的。这里我所说的欧洲文明和当下我们所看到的欧洲文明不同,它不是那种不健康的文明,而是真正意义上的欧罗巴文明。时常有人这么说,东方文明要比欧洲文明悠久得多,在产生时间上东方文明也要比西方文明更早。然而,在我看来欧洲文明和东方文明一样是经历了极为漫长的岁月。东方文明走向成熟的时代是在周朝,而欧洲文明发展高峰则是在伯里克利时代,周朝和伯里克利时代基本上是在同一段时间内。在和古希腊苏格拉底相媲美的孔子去世后的不到一年的时间内,苏格拉底也告别了人世。可是,东西方文明之间也有一个明显的区别,那就是东方文明具有连续性,而西方文明则经常由于外来文明的侵入而出现波折和间断性。

如果想要明确知道中国文明的进化过程,就一定要了解中国的发展历史。故此，接下来我想谈谈中国文化与中国历史。中国文明的真正起点是在夏代，接着经历了商代和周代；西方和中国夏代文明相应的是古埃及文明，和中国商代相应的是犹太文明。在中国周代的文化发展到最高潮时，相应地欧洲的古希腊文明之花也盛开了。中国的文明始于夏代，发展时期是在商代，而全盛期则是周代。根据我做的研究，中国的夏代就如同西方的古埃及，属于物质文明的发展期。正如我们都知道的，夏代出现了一个名为禹的帝，他在治理洪水上获得了成功，从而便能够看出，在当时物质文明的发展是相当发达的。而此时的埃及，则建造出了金字塔与大运河。再看一下那时代的绘画发展，就能愈发明了那个时代物质文明的发达程度。在此之后的商代，中国文明在道德和心学以及形而上学的方面取得了一定程度的发展。周代所发展的只是认知的方面。同样在西方，犹太文明在道德上也得到相应的发展，耶稣的《圣经》便是这个时代的产物。这部经典所谈的主要是道德问题而几乎没有论及认知的问题，等到了古希腊文明的时代，认知文化便得到了相应的发展。而恰巧此时中国的周代，认知文化发展的第一阶段也已经完成了。为了证明周代的文明和古希腊辉煌的文明的一致性，下面我将引用孔子的这么一段："周监于二代，郁郁乎文哉！吾从周。"这就表明，周文化和古希腊文明是相对应的。以前我曾说过，现在的欧洲文明之所以这么庸俗鄙陋，正是由于抛弃了古希腊文明的修养。

依照这样的顺序，中国文明在周代这个进化的第一阶段就走向了完善，但此时的文明就如同花朵一样，花蕾开下之后，就渐渐枯萎了。周代文明凋零的征兆就在于对智的方面的特殊重视。通俗地说就是重脑而不重心，也就是人们只重视对事情的认知却忽视对事情的践行。如果将现代的中国与日本做比较的话，中国人只是口头上说得天花乱坠，却懒得亲自去做，日本人则是嘴巴上不怎么说，却都认真地将其付诸行动。故此诸君不仅要有认知，还要亲自去做。日本人就是不单在口头上讲武士道，在实际行为中也践行武士道。

中国文明之花的凋零就在于对认知的过于重视，此后中国文明就开始朝着两个方向发展，一方是老庄之学的兴起，另一方是礼仪的完善。即使在如今的中国也是如此，学者并非是真正的学者，而是饱读诗书的文人，在一个劲儿地吵闹不休。而所谓"礼"便是艺术，它和西方人通常所理解的绘画、雕刻一类不完全相同，除西方所谓的这些艺术之外，它还包括行为艺术或者活动艺术。在此，我想对日本的财主说一下，我希望他们到了中国以后，不要将钱花费在购买所谓的骨制古董或者周代遗留下来的破破烂烂的桌椅、雕塑之类。与其买这些，还不如将这些钱花在真正意义上继承了日本古代艺术文明的妇人身上。只有用在了日本妇人身上，才算是真正体现日本的传统美德。

孔子曾就上述所说的两个弊端对弟子告诫说："攻乎异端，其害也已。"这里所谓的异端，指的就是如同老庄哲学那一类的学说。如果对如卡恩多·海因格尔、塔戈尔·拉茨萨尔等人的异端学说不加攻击的话，那么对保全完善的人格就是有害的。对于这些异端学说，例如老庄哲学之类，将其当做药剂来用的话尚还可以，但如果当做饭来吃的话那就是有弊而无利了，拉茨萨尔那一类的思想对于欧洲社会而言是必要的，这是因为欧洲社会是一个不健全的社会，这种药剂恰恰是其需要的，但是这种思想对一个健全的社会、一个人格健全的国家来说是没有任何必要的。我们东方人，不管是中国还是日本都不曾患有什么病，因此，也就无需这种思想。孔子在批评仅仅注重礼乐形式的弊端时说过："礼云礼云，玉帛云乎哉？"

听说日本政府计划在上海建造一座博物馆，十分对不起，我认为其中打算陈列的骨制古董并非是真正的艺术品，我认为，与其将钱花费到建造博物馆上，还不如给那些贫困的日本妇女提供一些实际的帮助更好。

为了纠正中国文明过度朝着认知和礼仪方面发展的偏颇，同时也是为了挽救中华文明，孔子想出了很多办法，可是都未能获得成功。这就像那些伫了不知多少代的破败的、马上要倾覆的房屋一样，不管如何进行修补也是于事无补的。处于这种场合，诸位打算如何办呢？如果是在西方社会，会马上给这房屋买个保险，然而非常遗憾，在孔子的时代，还不知道保险公司在哪里呢？因此，孔子所留下的只是一幅建设一幢文明大厦的蓝图，也就是《六经》。正是由于拥有了这《六经》，我们便能够按照原来的式样，重新将文明的家园建成。然而，当下在这方面，我们还是无法完成孔子的重托。我所希望的不仅是中日两国人民不要抛弃这幅珍贵的蓝图，而且我对以专门研究按照这幅蓝图去重建文明的方法为目的的大东亚文化协会非常赞赏，希望我可以给在座的诸位提供一些帮助。

因为人们注意的重点转向了认知方面，因此也就出现了许多学者，因为这些人并不具备什么教养，所以也可将其称作"乱道之儒"。而这些乱道之儒、政客之类的捣乱，最终让中国文明走向了毁灭。最早认清这些人是国家祸端的人是秦始皇。秦始皇在发现这些人带来的危害之后，便果断地实施了"焚书坑儒"。但是，如果我也生活在那个时代，或许也将是被坑埋的一员。秦始皇认为他当时的社会既无需文化，也无需学者，所需要的只是法律。故此，他对法家委以重任，可是，凭借法律维持的文明并没能持续很久。由于秦始皇用官吏取代了学者，这就导致了他事业的失败。因此秦代的统治直到秦二世就倒台了。有趣的是，恰恰是在秦始皇让分崩离析的中国统一起来的时候，欧洲新兴起来的马其顿帝国也统一了处在分裂混乱中的希腊，但是，这个马其顿帝国也仅仅经历了亚历山大一世与腓力二世，只不过两代就走向灭亡了。

将秦朝取而代之的是汉朝，汉朝的第一位帝王是中国历史上最早的平民出身的君主，即所谓的"布衣天子"。在汉朝之前的封建制时代，处于统治地位的人们是依靠自己尊贵的身份地位让民众臣服的，可是伴随着秦朝的灭亡和封建制的瓦解，到了汉朝之后，贵族再也无法凭借尊贵的身份居于统治者之列了，统治者如果不凭借强权就无法服众。汉朝的帝王是凭借"汗马功劳"才得到帝位的，前面已经说过，袁世凯做皇帝依靠的不是"汗马功劳"，而是电台、报纸等宣传的力量，所以人们不服从于他。

真是抱歉，我说的尽是些关于中国的事，在中国，我被人称为"神经有毛病"的辜鸿铭。正因上述的原因，在如今的中国，我是一个受不到重用的人，但日本人却很能理解我的心境。而我一直到今天依然留着发辫也都是由于上述的种种原因。

汉高祖凭借武力征服天下之后，又想凭借武力去治理天下，然而当时的一位大学者向他进谏说，想要治理好如此大的一个帝国，一定要借助道德（也就是文化）的力量。汉高祖听从了他的建议并予以实施，从而让一度在中国大地上消失了的文明又再次出现在中国，秦朝那些苟延残喘下来坚持到汉初的学者又将孔子保留下的蓝图进行重新整理。因此，在我看来，汉代的中国能够和欧洲罗马时代相媲美，在欧洲的罗马帝国分为东西罗马的时候，中国的汉代也分成了东汉、西汉两个朝代。在西汉时期，虽然对孔子留下的蓝图已经开始有了研究，但那时还只是停留在研究探索阶段，因此还尚未充分理解孔子的学说。实际上政府还是凭借武力去管理天下。在这个时代，最兴盛的学派是"黄老学派"，可以和西方此时的斯多葛学派相对应。这个学派的思想存在一个大缺陷，那就是它教给人们的是"无为"，而非教给人们应当如何去做。之所以这样，主要还是因为当时的人还未真正理解孔子的思想。因此也就造成了儒者与侠士的大量涌现。司马迁的《史记》中也反映了这种情况。后世将这些儒者称作"乱道之儒"。而后一支名为"新学"的流派又兴起，但这"新学"却造成人们思想的迷惘混乱。再接着，就出现了相当于如今袁世凯的王莽。所以这么说，随着"新学"的出现，所谓的"名分大义"也就走向了消亡。每每在混乱时刻，中国都会出现这样的正邪之争，现在我就在为捍卫名分大义而努力。中国现在所处的就是一个混乱的时代。王莽被其他叛军消灭以后，光武帝建立了东汉王朝，他虽算不上什么伟大的学者，可是他具备伟人的很多优秀品质，他可以区分什么属于真正的学问，什么属于虚假的丑陋的思想，因为他的努力，中国的真正文明又恢复了过来，将孔子的学说当做国教的就是这个人。如果说在西汉时期孔子的教义仅仅是一种哲学的话，到了东汉就彻底地成为了国教。此外，光武帝还在孔子庙中建立了一所学校，这所学校和法国苏伦坡大学有些类似，是伟人们用来演讲的场所。因此我希望日本的大东业文化协会也能够成为日本的苏伦坡大学。在那个时代，皇帝有时也会出现在那个场合，在那里聆听学者的讲学。

正如上面所说的，中国的文明之花盛开在周代，灭亡在秦始皇时代，而到了东汉又出现了复兴，将孔子的学说奉为中国的国教。故此，最完善的人格特征出现在东汉，这个时代还出现了两本优秀的著作：《孝经》和《女诫》。可是东汉王朝并没有存在很久，这是由于它有一个致命缺陷，那就是仅仅注重"心"的方面。在周代人们在"知"的方面予以了过度的热情，而到了东汉时代，一切又颠倒过来了，人们对"知"漠不关心，却在"心"上面下了极大的工夫。为了弥补此种缺陷，佛教哲学便开始兴起，而佛教也就是恰恰在此时传到了中国。佛教中的"知"的方面，和孔子学说中"仁"的方面相结合，产生一种新思想，这就让中国又进入了一个浪漫时代，也就是三国时代。佛教给中国文明增加了很多色彩，同时却也导致了混乱，中国的政治就从此开始走向堕落，因此也就给少数民族的入侵提供了时机，而后也就出现了历史上的"五胡乱华"。这和现代中国遭受五个大国的入侵是一样的。而欧洲的古罗马帝国也是在五个蛮族集团的攻击下灭亡的。历史竟也这般的相似，实在是很有意思。从那以后，五胡在中国统治了长达二百多年之久，而我希望如今的五大国的统治时间一定不要太长。

结束了五胡统治之后，紧接着的是六朝，而后是唐朝，这个时代的情况和欧洲文艺复兴时代类似，中国又一次出现了文化繁荣。因此，在我看来，现代中国在经历五大国的统治完结以后，文艺复兴时代也将会再一次出现。唐代的文化是十分美丽和纤巧的，但是，也正是因为它太过于美丽和纤弱，所以它很容易就染上虫子，接着这些虫子就开始了对它的毁灭。这些虫子其实就是"文弱之病"，它造成社会的种种堕落，在男女关系方面更是十分糜烂，甚至宫廷里也出现了许多丑闻。以美貌闻名的杨贵妃便是那个时代的产物，正是由于这个杨贵妃，中国的历史又一次进入到暂时的分裂期。

为了拯救流于纤弱的中华文明，一个推崇真正的孔子学说的学派也就是"宋代儒学"出现了。和欧洲相比，汉代儒学类似于古罗马的旧教，而宋代儒学则相当于新教。我们都知道，欧洲出现了马丁·路德，新教派在他手中得以创立，而在中国发挥了和路德同样的作用的则是韩愈，也就是他发起了一场"新儒学"运动。虽然韩愈出生在唐朝，可从他的思想行为进行考察的话，他具有的特质则是宋代人的。宋代学者弥补了唐文化里存在的缺陷，尽力让中国文化趋向完美。为此他们还纳入了很多佛教的东西。众所周知，佛教是一个具备严密体系以及深刻内涵的宗教，它如同药引一般能够疗治唐代社会的疾病。所以当中国社会出现异常时，人们就开始去皈依佛教。因此到了宋代，随着佛教势力的扩张壮大，中国文化就开始显得偏于狭隘了。而现代的中国文明也和宋代一样陷入了困境。那时中国文明的停滞主要就是因为佛教思想进入到了中国的思想领域。所以，不久前泰戈尔先生计划将印度的哲学带给中国时，我是持反对态度的。

如果将宋代和欧洲相比，那就是清教派兴起的时代。中国出现了朱熹学派，朱熹是一个伟大的学者，也可以将其当成韩愈之后的大儒。

朱熹曾试图将宋代儒学视野狭窄的现状改变，让其可以包容万物、博大精深。后世明代的王阳明也有同样的想法，然而，朱熹主张一定要绝对按照孔子学说中所说的去做，这就有些近乎盲目地教人信服孔子的思想学说了。而王阳明则不是这样，他主张按照"良知"也就是常识去决定自己的行为，然后再去遵循孔子的教义。据说日本学者并不和中国学者一样固执，我觉得这一点十分了不起。朱熹的学说是"学而不思"，而王阳明的学说则是"思而不学"，年轻人最好是先学后思，既不要完全遵循王阳明的思想，也不要完全按照朱熹的学说，而现在中国所面临的问题就是如何从儒学的束缚中脱离出来。我想可以凭借与西方文明的交流来将这个问题解决。这倒是东西方文明相互接触所产生的好处之一。单单凭借学说外国话，住国外的旅馆或者跳跳西洋舞是不能领会西方文明的。大家不要仅仅学那些表面的东西，而是去领会认识它的本质，要想真正地步入文化的殿堂是十分不易的，并且没有捷径可走。我自身或许是因为才疏学浅，没有资格如此说，可我还是衷心希望，大家可以继续我从事的事业，加深拓展我们的学问，从而对世界文明的发展做出自己的贡献。

中国学（一）

前不久，一个传教士为了赶时髦在他的一些文章的封面称自己为"宿儒"，招致了很多笑话。毋庸置疑，这个想法自然是十分荒谬的。在整个中国，可以很确定地说，还没有一个人敢大声标榜自己是宿儒。"宿"在中文中的意思是一个文人学者所可以达到的最高境界。然而，我们时常可以听到，某个欧洲人被称作中国学家。《中国评论》中的广告语说："在传教士中间，高深的中国学正在被辛勤地耕耘着。"接着它便罗列了一堆撰稿者的名字，并且声称他们相信这些学者的一切研究都是可信和可靠的。

在这里，如果仅仅是试图了解所说的在华传教士勤劳耕耘的学问的高深程度，我们就没有必要将德国人费希特在其演讲《文人》中，或者美国人爱默生在《文学伦理学》中所言及的高标准去进行衡量。前任美国驻德公使泰勒先生被人公认为大德国学家，实际上，他却仅仅是一个读过席勒的几个剧本，在杂志上发表过几首海涅诗歌的译文的英国人，虽然他在其社交圈中被尊捧为德国学家，然而他自己是决不会在印刷品中如此自诩的。那些生活在中国的欧洲人，一旦他出版了几个省市方言的些许对话或者是收集了一百条中文谚语，就会马上被予以汉语学者的称号。当然取一个名字实际上是无关紧要的，在不违背条约的治外法权条款的前提下，只要自己乐意，一个在中国的英国人可以将其称作孔子而不受任何惩罚。

由于一些人认为中国学已经走过了最初的开拓期，立刻要进入一个新阶段了，因此我们被引导着去对这个问题进行思考。在新阶段，从事中国研究的人将不单单满足于字典编撰那样的简单工作，他们想要写出专著，翻译中华民族文学中最优秀的作品。他们不单十分理智并且论据充分地对它们进行评判，还决定挑战那些中国文学殿堂中最受人推崇的著作。下面，我将从如下几个方面进行考察。首先，考察下那些经历了上述变化的欧洲人，他们究竟具备何等程度的中国知识；其次，之前的中国学家都做了什么样的工作；再次，考察现在中国学的具体的实际情况；最后，指出怎样的中国学才是我们研究发展的方向。俗话说，一个站在巨人肩上的侏儒，很容易将自己想象得比巨人还要伟大。然而，有一点必须要承认，既然侏儒拥有了位置上的优势，也一定能够具有更加广阔的视野。所以，我们将站在先人的肩上，对中国学的过去、现在以及未来进行一番审查。如果在这个过程中我们提出了和先人相左的意见，希望我们不会被认为是在炫耀，我们只是自己利用了自己所处位置的优势而已。

首先，我们认为欧洲人具备的中国知识已经发生了变化，这也就表明学习一门语言知识所具有的困难已经被克服。翟理斯博士说过："以前人们普遍认为会说一门语言，尤其是汉语中的方言是十分困难的。这种现象很早就在其他的历史小说中就有所表述了。"的确，即便是对书面语言来说也是这样。现在一个英国领事馆的学生，一旦在北京生活两年、在领事馆工作一两年，就可以大致看懂一封普通电报了。故此我们十分乐意地看到，现在生活在中国的外国人，他们的中国知识构成已经发生了很大程度的变化。可是对那些超过这个界限的夸张之语，我们则感到十分怀疑。

在最初的耶稣会传教士以后，马礼逊博士的那本著名字典的出版被公认为一切已经完成了的中国学研究的新起点。的确，那部著作可以看做是一座初期新教传教士的认真、热情，以及尽职尽责的纪念碑。在马礼逊博士之后的那批学者里，应当以德庇时爵士、郭士腊博士等人为代表。德庇时爵士对中国毫无所知，这一点他自己也直言不讳。他一定会讲官话，并可以不是很费劲地翻阅那种方言的小说。可是他所拥有的那些知识，在今天恐怕只够胜任一个领事馆中的普通职员的职务。但是，有一点值得注意，至今大部分英国人对于中国知识的了解还是源于德庇时爵士的书本。郭士腊博士或许会比德庇时爵士对中国的了解更多一点，但他却不计划去做进一步深入的了解。已经故去的托马斯·麦多士先生在后来揭露郭士腊的自负方面做了较好的工作，同样作出贡献的还有传教士古伯察与杜赫德。在此之后，我们诧异地看到了蒲尔杰先生，他在自己的新著《中国历史》中，将上述人物的观点视作权威。

在所有欧洲大学里最早获得汉学讲座教授称号的是法国的雷慕沙。我们现在还不能对他的工作给出适当的评价。可是他有一本很引人注意的书——法译中文小说《双堂妹》。利·亨德读过这本书后，将其推荐给了卡莱尔，又由卡莱尔推荐给了约翰·史特林。这些人读过这本书后，都极为高兴，并声称此书的作者必定是"一个天才的龙的传人"。这本书的中文名字便是《玉娇梨》，它的确是一本让人读起来感到愉悦的书。可它在中国文学殿堂里仅仅够得上是一个二流作品，即便是在二流作品中也没有太高的地位。不过令人欣喜的是，源自中国人大脑的思考和想象，实际上已经通过了卡莱尔与利·亨德等人心灵上的验证。

雷慕沙以后的汉学家是儒莲与波迪埃。德国诗人海涅曾说过，儒莲有一个令人惊奇的重要发现，那就是蒙斯·波茨尔对汉语一无所知；而波迪埃还发现儒莲压根就不懂梵语。但是，这些著作所做工作的开拓性却是相当巨大的。他们具备的优势是他们对本国的语言完全精通。另一个也许需要提及的应当是法国作家德理文，他做了一项前无古人的工作，那就是他所翻译的唐诗是进入中国文学的一个突破性开始。

德国慕尼黑的帕拉特博士出版了一本名为《满族》的关于中国的书。如同所有别的德国著作一样，这是一本不容挑剔的书。书的明确意图就是要描绘展现中国满族王朝起源的历史。但据我们所知，这本书后半部分所涉及的一些中国问题，是其他同样用欧洲文字书写的书里无法找到的。即便是卫三畏博士的那本《中国总论》与《满族》比起来，也不过算是本小人书罢了。德国另外一位汉学家是施特劳斯，一位普鲁士吞并前的小德意志公国的大臣，这位老臣在辞官以后的乐趣就是研究汉学。他曾出版过一本《老子》的译作，最近还出版了一本《诗经》的译作。按照广东的花之安先生作出的评价，其《老子》译本中的某些部分还是可以的，他所翻译的《首领颂》也被广泛流传，得到了不错的评价。遗憾的是，我们现在不能获取到这些书。

上述所说的这些学者都是公认的早期汉学家，第一阶段始于马礼逊博士字典的出版，第二阶段始于两本权威的著作——威妥玛爵士的《自迩集》以及理雅格博士翻译的《中国经典》。

对于《自迩集》，那些中国知识已经超出了能讲官话阶段的西方人可能会对它不以为然。尽管这样，它在全部已出版的有关中国语言的书籍中，在力所能及的范围内依然是做得较为完美的著作。而且它也是和时代呼唤相应的产物。这一类书必须要写出来，看！它现在已经被写出来了，在一定意义上可以说，它已将现代和未来所有的竞争机会都给夺去了。

那些必须要做的中国经典的翻译，也属于时代的必然产物。理雅格博士的著作已经完工了，呈现出来的是一打厚得吓人的卷册。无论质量怎样，仅仅从工作的量上来说的确是十分巨大的。在这些卷帙浩繁的译作前，我们甚至谈论起来都有些吃惊。可是坦白地说，这些译作尚无法让我们满意。巴尔福先生对其做出了公正的评价：这些经典在翻译时大量依靠的都是译者自己生造的专业术语。如今给我们的感觉是，理雅格博士所使用的术语是粗糙、拙劣、不充分的，并且在一些地方甚至不符合语言习惯。这单单是就形式来说，至于内容，我们不敢冒昧地评论，还是借用广东的花之安牧师的话。他说："理雅格博士对于孟子所作的注解，表明他缺乏对作者哲学的理解。"可以肯定的是，如果理雅格博士没能实现在其头脑中对孔子及其教义的完整理解与把握的话，他是很难做到阅读并翻译这些作品的。尤其特殊的是，不管是在他的注解里，还是在其专门研究里，都做到了不漏掉一个词组与句子，以此来表明他是以哲学整体来理解孔子教义的。所以，概括地说，理雅格博士对这些作品做出的价值判断，不管怎样都是无法作为最后的定论让人接受的，并且这些中国经典作品的译者还将不断地更换。在上述两本著作问世之后，又出现了很多关于中国经典的著作。其中确实也有几部具有重要的学术意义。但还没有任何一部让我们觉得，它的出现能够表明中国学已发生了重要转折。

首先要说的是伟列亚力先生的《中国文学札记》。但它只是一个目录，并且压根不是一本具备文学特质的书。另一本是已经故去的梅辉立先生的《汉语指南》。它当然还不能被认作是十分完善的东西。虽然这样，它的确是一部伟大的作品，是一切关于中国的作品里最为严谨与认真的。而且它所起到的实际作用也仅仅次于威妥玛的《自迩集》。

另外一个值得注意的汉学家是英国领事馆的翟理斯先生。和别的初期法国汉学家一样，翟理斯先生具备让人羡慕的清晰、有力、优美的文风优势。每个问题在他的笔下，都马上变得清晰易懂。但也有一两个例外之处：他在选择和其文笔相称的作品时并不是十分幸运。《聊斋志异》的翻译就是一个例外。这一翻译应被看做中译英的典范。然而，虽然《聊斋志异》是十分优美的作品，却算不上中国文学作品中的一流之作。

紧承理雅格博士的翻译工作后，最近巴尔福先生所作的关于庄子《南华经》的翻译，确实是抱负最大的作品。老实地说，当我们首次听到这个宣告时，我们的期待和欣喜程度，如同一个英国人进入翰林院时所作的宣告。《南华经》是公认的中国文学作品中最完美的代表之一。在公元前二世纪此书诞生以后，它对中国文学产生的影响基本上不亚于儒家及其学说。对于历朝历代的诗歌以及其他浪漫主义文学来说，它所产生的是主导性的影响，就像四书五经对中国哲学所产生的影响一样。可是，巴尔福先生的著作根本算不上是翻译，确切地说，那就是胡乱翻译。我们也承认，就我们而言，对巴尔福先生付出那么多年艰辛劳作的作品给出如此评价，我们自己也感到十分沉重。可我们已经对它做了妄言，并且希望我们可以做出更恰当的评价。相信如果我们提出对庄子哲学的解释问题的话，巴尔福先生将很难能参与到我们的讨论中去。我们在此引用一下《南华经》最新中文本编辑林希冲在序言中所说的话："准备阅读一本书时，必须要弄清每一个字的意思；这样你才可以去分析句子；在弄清句子的结构之后，你才可以去理解文章的段落结构；只有这样，最后才可以抓住整个章节的核心思想。"而现在，巴尔福先生所翻译的每一页都存在硬伤，这就表明他既没能弄清每一个单词的意思，也没能正确分析每个句子的结构，并且没能准确了解段落结构。如果我们以上所做的假设可以被证实的话，如同他们本身就很难被证实一样，那只需看一下语法规则，就可以十分清楚地明白巴尔福先生同样也没能把握好整篇作品的核心思想。

可是，现在一切汉学家都倾向于将广东的花之安牧师置于第一位，虽然我们并不认为花之安先生的工作比别人的作品更具备学术或文学价值，可我们看到，他的每一个句子都揭示了他对文学以及哲学原则性的把握，而这在如今别的学者身上是不多见的。至于这些原则应当是什么，这个问题就应当留在本篇的下一部分去谈论了。在下文里，我们希望可以将中国学的方法、目的以及对象阐明。

中国学（二）

花之安先生曾经说过，中国人不懂任何一种科学研究的系统方法。但是，在中国的经典著作《大学》中（大多数外国学者将这部著作看成是"陈词滥调"）提出了学者想要进行系统研究应当遵守的一系列程序。在所有研究中国学的著作里也许再也没有比这部著作中所提及的程序更好的了。这种程序就是，首先从个体研究开始，接着从个体研究进入家庭研究，最后再从家庭研究进入政府研究。

所以，对于一个研究中国学的人而言，不可或缺的一步是首先要了解关于中国单个人的行为原则方面的最基本知识。其次，他还需要观察一下，在中国人错综复杂的社会关系以及具体的家庭生活中，这些原则是怎样被运用和贯彻的。再次，做完上述工作后，他才可以将国家的行政及管理制度当做他的注意对象与研究方向，当然，如同我们所指出的那样，这个研究程序仅仅是可以大概地得以贯彻，如果想要将其完全贯彻，那就需要耗费学者大概一辈子的精力，锲而不舍地去实行。可是，毋庸置疑的是，一个人只有在对上述那些原则十分熟悉之后，才会有资格算得上汉学家或者说自诩有很深厚的学问。德国诗人歌德曾经说过："如同在自然的造化中一样，在人的作品里，意愿才是真正值得注意并且超越一切之上的东西。"

在研究民族性格时，最重要以及最值得注意的也在于此。那就是不单单要关注一个民族的活动与实践，也要关注他们的理论与观念。必须弄清楚他们是怎样区分好和坏，以及这个民族是以什么样的标准去进行正义和非正义的划分，他们是怎样区分美和丑，智慧和愚蠢等等。意思就是，那些研究中国学的人应当去考察个人的行为准则。换言之，我们想要说明的是，研究中国学时，你一定要懂得中国人的民族观念。如果有人问你：怎样才可以做到这一点呢？答案就是去研究这个民族的文学，从中去透视抓住他们民族中最优秀的特征，同时也可以看到他们性格中最坏的一面。所以说，中国人那些最权威的民族文学，应当是吸引那些研究中国学的人的所致力的对象之一。这种作为预备的研究是必要的，不管是作为一种研究的必经过程，还是作为一种实现目标的手段。接着，我们去看一看应该怎样去研究中国文学。

一位德国作家曾经说过："欧洲文明的基础是希腊、罗马以及巴勒斯坦文明，印度人、欧洲人及波斯人都是雅利安人种，所以从种族上说他们就是亲戚关系。中世纪欧洲文明的发展受到与阿拉伯人交往的影响。乃至今天，这种影响依然还存在。"可是中国文明的起源、发展以及存在的前提，都和欧洲文化没有一点关系。因此，对于研究中国学的外国人而言，必须要克服这种因为不了解中国的基本观念以及概念群所造成的不便。这些外国人必须要运用和本民族不同的中国的民族观念与概念，而且应当在本族语言里找到它们的对应物。如果实在缺少其对应物，那就应该将它们分解，以便将其归到普遍人性里去。比如，中国的经典中到处出现的"仁"、"义"和"礼"，英文一般将其译为"benevolence"、"justice"和"propriety"。可是，如果我们对这些词语的内涵进行仔细推敲的话，就会发现其实这种翻译不是很恰当。英文的对应词无法囊括汉语所蕴涵的所有含义。另外，"humanity"一词可能是中文中被译为"benevolence"的"仁"字的最恰切的英文翻译。但这里的"humanity"，不应当从英语词义的习惯用法上去理解。大胆的翻译者，大概会用《圣经》中的"love"以及"righteousness"翻译"仁"。可能这种翻译会比任何其他更好表达了词的含义，并且也更为符合语言习惯的翻译，更加妥当一些。但是，如果我们现在将这些词所表达的含义分解成普遍的人性，那么我们就可以得到他们的所有含义，也就是"真"、"善"、"美"。

另外，研究一个民族的文学的时候，必须要将其当做一个有机的整体去进行研究，而不能和当前绝大多数的外国学者那样，将整体分割零散，没有任何计划和程序地去进行研究。马太·阿诺德先生曾经说过："不管是人类全部的精神历史，也就是全部文学，还是单单一部伟大的文学作品，要想体现出文学的真正力量，就一定要将它们当做一个有机的统一体去进行研究。"可是，现在我们所看见的那些研究中国学的外国人，他们当中几乎没有人是在将中国文学当做一个整体去展开研究！也正因这样，他们几乎认识不到其价值与意义，实际上基本上没人是真正的行家。而那些用来了解中国民族性格力量的手段也非常之少！除去理雅格等极少数学者，欧洲人主要是通过翻译一些非一流的、极普通的小说去了解中国文学。这就如同一个外国人在对英国文学进行评价时，凭借的却是布劳顿女士的著作，或者那些小孩和保姆所喜欢阅读的小说一样荒唐好笑。当威妥玛爵士疯狂地贬斥中国人"智力匮乏"的时候，毋庸置疑，他头脑中所装着的肯定是中国文学中的最下等的东西。

另外一种批评中国文学的奇怪言论是，他们认为中国文学是极为不道德的。实际上这是在指中国人本身不道德，同时，绝大部分外国人也一致声称中华民族是一个缺乏信用的民族。但实际却并不是这样。除了上述那些非常一般的翻译小说外，之前的那些研究中国学的外国人在翻译的时候，都是将儒家经典著作排除在外的。除去道德外，这些儒家经典著作里当然还包含别的东西。出于对巴尔福先生尊重的考虑，我们认为这些著作中"令人敬佩的教义"并不是他所评论的那种"功利和世故"。在这里，我只引用两句话来向巴尔福先生讨教它们是不是真的"功利和世故"。孔子曾对一位大臣说过："罪获于天，无所祷也。"另外孟子说过："生，我所欲也；义，我所欲也，二者不可兼得，舍生而取义者也。"

我认为非常有必要将话题说得更远一些，以表示对巴尔福先生所作评论的抗议。我们都知道，在中国那种诸如"上古的奴隶"、"诡辩的老手"一类尖酸刻薄的话语，是从不会被用来评判一部哲学著作的，更不要说用其去批判那些圣贤了。巴尔福先生可能是被他自己对"南华"先知的盲目敬仰导向了歧途。而且他所期望的是道教可以优越于别的一切传统学派，因此他在表达上误入了歧途。我们相信，他的那些所谓沉着的评判应当受到严格的声讨。

现在我们回到正题。我之前已经说过，一定要将中国文学当做一个整体去进行研究。而且我们也已经指出，欧洲人习惯于单单从和孔子名字有关联的那些作品里得出他们的判断。但事实上，孔子所做的工作只是意味着中国文学的起步，在其之后，又历经了十八个朝代、两千多年的发展，孔子时代对写作中文学形式的理解自然还没达到十分完善的境地。

在这里，我们来谈一谈在文学研究中必须要注意的最重要一点，迄今为止，这一点却已被研究中国学的人忽略了，那就是文学作品的形式。诗人华兹华斯说过:"可以肯定,内容的确非常重要,但内容总是要以一种文字形式表现出来。"的确是这样,那些和孔子的名字相关的文学作品,仅仅从形式来说,并没有谎称它们已经达到完美的境界。他们之所以被公认为经典及权威之作,是由于它们内容上所蕴涵的价值,而不是它们文体优美或者是文学形式完美的缘故。宋代人苏东坡的父亲曾经说过,散文体的最初形式可以追溯到《孟子》中的对话体。只是,从那以后的包括散文以及诗歌在内的中国文学作品已经发展出了多种形式和风格。例如,西汉的文章和宋代的散文不同,这如同培根的散文和爱迪生、歌尔斯密的散文不同一样。六朝诗歌里的那种粗放的夸张和朴素的措辞与唐诗的纯洁、生气勃勃和绚丽多彩完全不同,这就如同济慈早年诗歌的粗浅和不成熟,与丁尼生诗歌的刚健、清新与色彩正当不同一样。

如同上面所说的一样,一个研究人员只有用合乎人民的基本原则和观念去武装自己,才可以将自己的研究对象设为此民族的社会关系。然后,再去观察这些原则是怎样被运用与贯彻的。然而社会制度、民族的礼仪风俗并不是像蘑菇那样可以一夜生成的,它们是经历若干个世纪的发展才成为今日情状。所以说,对这个民族的人民的历史进行研究是必要的。可是如今的欧洲学者对中华民族的历史依然毫无所知。蒲尔杰博士的新作,那本所谓的《中国历史》,或许可以算得上是书写出来的关于中国人那样的文明人的最差劲的历史了。这样的一种历史,如果写的是像南非的霍屯督那样的人,或许还能够被容忍。而出现了如此版本的中国历史的著作却得以出版的事实,也只能说明欧洲人的中国学知识是如何的浅薄鄙陋。因此说,如果连中国的历史都不了解的话,那么在此基础上对中国社会制度所做出的评判又怎么能够正确呢?基于这种粗浅认识上的作品，例如卫三畏博士的《中国总论》以及别的一些关于中国的书，它们不单对学者来说全无价值，而且还将误导普通读者。以民族的社会礼仪这个例子来看，中国是一个地道的礼仪之邦，这一点无须怀疑，即便是将其归因于儒家的教化功能也没有错。当然巴尔福先生可以尽情地贬斥礼仪生活中一些看起来虚伪的惯例。但即便是翟理斯先生所批判的那种"外在礼节中的鞠躬作揖"，它也是深植于人性之中的，也就是我们将其定义为美感的人性层面。孔子的一个弟子曾说过："礼之用，和为贵，先王之道斯为美。"别的经书上也说过："礼者，敬也。"如今我们应当很明显地认识到，对一个民族的礼仪和风俗所作的评价，应当是建立在对此民族的道德原则充分认知的基础上的。另外，我们研究一个国家的政府和政治体制（也就是我们所谈及的研究者最后研究的工作）也应当是建立在对其哲学原理与历史知识的充分理解的基础上的。

最后我们将引用《大学》（或外国人所谓的"陈词滥调"）里的一段话来结束此文。《大学》中说："古之欲明明德于天下者，先治其国；欲治其国者，先齐其家；欲齐其家者，先修其身。"这就是本文所要表达的中国学的主要含义。

君子之道——写给"京报"出版商的一封信

尊敬的先生：

我已经怀着极大的兴趣拜读了阿弗里德·梭尔白斯先生写给那些传教士以及热心的读者（针对他们发出的呼吁）的回信。鉴于那些恐怖的灾难性变故——由一亿七千万人的激情引起、并利用科学的精确的屠杀以及毁灭性的工具武装所发动的战争——使人们差点丧失了勇气。这个时候，如果人们在心里自我拷问：整个世界、所有文明以及人类还有一丝希望吗？对这个问题，梭尔白斯先生会非常肯定地回答："有。"他对此也提出了一个问题：基督教在欧洲遭遇失败了吗？同时他认为，"对这个问题的回答应当是，基督教教士应该加倍努力，让基督的福音与意志控制并化解人类的这种激情及自以为是。而且，这项工作离结束还很远。"他还认为："不要鲁莽地急于得出结论，静下心去观看，你们会看见主的力量。"

这一切的确是美妙非常，可它们却又都是虚无缥缈并且不确定的。在我看来，考虑到我们的未来，我们需要的是一些更为实在的东西。实际上，在现在的欧洲，如果需要去证明基督教的失败或者它缺少一种道德力量的话，梭尔白斯先生的书信便已经用一种含糊其辞的文字给出了这个证明："静下去观看，你们会看见主的力量"。我想进一步指出，基督教道德的这种含糊不清、缺失以及无用，正是致使现代欧洲出现这种让人恐惧的灾难的道德力量上的根本原因。

基督说过："爱你们的仇敌"、"如果有人打了你的右脸，就把你的左脸也给他。"毫无疑问，上帝的这种善良宽容的天性的确是十分崇高、美好的。但它是有用并富于理性的吗？如果不是的话，结果又能怎样呢？其结果就是，在当今欧洲，那些固执并且实际的人们以其现在彻底发达的理解力与智力（这和中世纪欧洲人的十足的孩子气不同）——如同马太·阿诺德所说的一样，过着一种心灵以及幻想中的生活。现代欧洲的这种固执并且实际的人们走向了两个极端，他们要么是将基督的理论当做指明方向的道德力量，要么就是将这种理论完全抛弃，而只信奉一种纯粹的自然力。那些信誓旦旦地宣称相信基督言论的人将会成为耶稣会会士；而那些一点也不相信其道德力量的人则将会成为军国主义者以及无政府主义者，实际上也就是成为我所谓的猛兽。这种耶稣会教义也就是有组织的耶稣会教义，如今被称为政治与外交，它充斥着看似神圣的有关和平和文明的谎言。这种无政府主义或者说有组织的无政府主义（即军国主义）充满了对武器的崇拜。这种耶稣会教义与无政府的军国主义正是现在这种灾难性变故出现的真正原因。致使基督教道德力量缺失、无用的直接因素同样也是这种耶稣会教义与军国主义，它之所以变得欠缺和无用也是由于其非理性与不现实。孔子说过："道之不行也，我知之矣：知者过之，愚者不及也。道之不明也，我知之矣：贤者过之，不肖者不及也。"

这样来看，在我们当今这个时代，梭尔白斯在基督教中所看到的人类希望的真正基础（用其模棱两可的话来说就是"静下心去观看，你们会看见主的力量"）只是一种幻想罢了。那么说，人类就真的不再有希望了吗？不是的！人类的希望还是有的。我认为，人类的真正希望并非是"静下心去观看，你们会看见主的力量"，而是孔子所谓的君子之道。那么孔子所谓的君子之道是什么呢？简略地说，这种君子之道就是根据公正行事。

基督教宣称的是："爱你们的仇敌，不要互相争斗，走向战争。"但基督教以此只是让人类成为了耶稣会的信徒，而恰恰正是这种耶稣会教义招致了恐怖的战争。与之相反，孔子则说："必要的话，你们应当去参战，但你们必须要以一种君子之风去参战，并且像一名君子那样去战斗——简略地说，就是按照公正行事。"如果你们以一种君子身份去参战，那你们就必须是作为正义而战。那么正义是什么呢？我无法确切地告诉你们。可是在此，我想给你们举一个关于人们是如何为了一件不义之事去参战的例子：

在鲁国（孔子的家乡），国君准备发起一场针对国内诸侯的战争。两个在国君那里参政的弟子在拜访孔子的时候，向他讲述了这件事。孔子说："求！无乃尔是过与？"答曰："否！夫子欲之，吾二臣者皆不欲也。"孔子曰："……且尔言过矣。虎兕出于柙，龟玉毁于椟中，是谁之过与？"冉有曰："今夫颛臾，固而近于费。今不取，后世必为子孙忧。"孔子曰："求！君子疾夫舍曰'欲之'，而必为之辞。"

身为一位君子，你们应当知道，战争的真正目的并非是为了屠杀与破坏，而仅仅是暴力解除武装。邦森在其回忆录里说："毛奇认为，对他来说，康尼格拉茨战役并不是一场胜仗，而是一场败仗。他对战争的看法是，战争并不是将敌人杀死，而是将其俘虏。将敌人杀死，对他来说没有什么意义。他的射杀只是为了活捉，而每当多杀一个人，胜利者的桂冠上就会缺少一朵鲜花。"

在这封对梭尔白斯先生回信的最后部分，我想要说明的是，人类社会文明的希望并不是在于对主的力量静心以待中，而是存在于孔子主张的君子之道里面，即存在于按照公正行事的宗教当中。

一个大汉学家

"汝为君子儒,无为小人儒!"

——《论语》

最近我阅读了翟理斯博士的著作《崿山笔记》。在读这本书的时候,我禁不住又想到了另一句话——英国驻华领事霍普金斯先生所说的:"居住在中国的外国人,在谈论起某某汉学家时,总是将他们看做傻瓜。"

翟理斯博士早已被予以大汉学家的美誉。如果单单看他出版著作的数量,他并非徒有其名。但我觉得如今是对其著作的质量与价值做出真正评估的时机了,而不能单单注重其数量。

一方面,翟理斯博士和任何一个别的汉学家相比,具有独特的优势,那就是他具有一种文学天赋,可以写出十分流利的英文。可是在另一方面,翟理斯博士却缺少一种哲学洞察力,甚至有时连普通的常识都不知道。他可以翻译中文的词句,却无法解释与理解中国文学的思想内涵。在这一点上,翟理斯博士具有和中国文人同样的一个特征,那就是孔子曾说过的:"文胜质则史。"

对中国文人来说,传记和文学作品只是他进行写作时所用到的材料罢了。他们生活、行走于书籍的世界,和现实的人类所生活的世界没有任何关联。对文人而言,著书立言并非是达到其目的的唯一手段。对真正的学者而言,著书立言与文学研究只是他们解释、批评、理解以及认识人类生活的手段罢了。

马太·阿诺德曾经说过:"只有通过理解所有的文学——相当于人类精神的全部历史,或者将一部伟大的文学作品看做一个有机体去理解的时候,文学蕴涵的力量才会显现出来。"可是在翟理斯博士的著作中,不曾有哪一句话可以表明他曾经或者试图将中国文学看做一个整体去理解。

正是因为一种哲学洞察力的匮乏,致使翟理斯博士在其书里,在组织材料上表现得那样糟糕。我们来看一下他的那本大字典,它压根不像是一本字典,而仅仅是一本汉语词句的大杂烩。他在书中所给出的翻译,没有任何的选择和组织标准,更没有什么顺序和方法。从一本为学者而编的字典的角度来看,他的这本字典肯定是比不上卫三畏博士所编的那部旧字典。

当然必须要承认的是,翟理斯博士的那本《中国名人谱》确实是一本倾注了巨大心血的作品。但是它也同样表现出作者的那种普通判断力的匮乏。在这一类书里,人们总是希望可以找到一些对真正的名人的注解。他书中所呈现的却是这样一种形态:

这里有一些为国家战斗而受伤的人,

还有一些在世时为圣洁的祭司,

有的是虔诚的诗人,曾吟唱出不逊于费布思的诗句,

有的则是具有创造精神的艺术家,他们让人民的生活变得多姿多彩,

还有一些人也留下了让人怀念的业绩。

我们可以看到，在他这部"名人谱"里，他把古代的圣贤和神话里的人物掺杂在一块。按照他的看法，陈季同将军、辜鸿铭先生、张之洞总督与刘布船长之间仅有的区别只是：后者习惯于用无穷的香槟酒去款待外国人。

在最后，对于翟理斯博士最近所出版的这些"笔记"，我十分严肃地做出这个评价：它对提高翟理斯博士作为一个有判断力、辨别力的学者的声誉是毫无作用的。他书中所选的绝大多数主题，全是没有任何实际或者人道意义的。这就会带给人一种印象，那就是翟理斯博士好像一直是在不厌其烦地写书，却不想告诉人们任何和中国人和中国文学有关的东西，他只是在向世人炫耀一下翟理斯博士比任何别的人对中国更为了解。而且和在其他场合所表现的一样，翟理斯博士在这本书中同样也表现出了一种哲学思维的匮乏，一种和学者身份不相符的、让人感到郁闷的武断。如霍普金斯先生所说的那样，正是由于翟理斯博士之类的汉学家们的这些缺点，那些远居于远东的外国人，给人留下了一个名不副实的笑柄，并遭受一种被人嘲笑为傻瓜的耻辱。

在这里我将摘取翟理斯博士最近发表的两篇文章，从而去尝试说明，迄今为止，如果所有外国学者对中国学问及中国文学的认识都缺乏人道或实际意义的话，那么这种错误的原因是不是就是中国学问及中国文学自身？

第一篇文章是《何为孝》。此文的观点主要集中在对两个中国汉字的理解上面。孔子的一个弟子夏向他问道："何为孝？"孔子回答说："色难。"

翟理斯博士在其文章中说道："问题是，两千多年过去了，究竟这两个汉字是什么意思呢？"在引证并排除国内外学者的相关解释与翻译后,翟理斯博士便极其自然地找寻了它的真正含义。为了让大家认清翟理斯博士那独有的鲁莽和武断的态度,我将引述他所宣布那个他发现的言辞。他说道:

"在以上叙述之后,就宣布其意思其实就在表面,恐怕这有些武断。可是,你必须要做的,就是如下面这首诗中所说的一样:

弯腰时,它在那里,但要拾起时,却悄无踪影。

当子夏向孔子询问'何为孝'的时候,孔子简单地答道'色难',色就是对其的描述,但描述它却是十分困难的。这是十分一个聪明并且恰切的回答。"

在这里,我不想以一种精确的中国语法来指证翟理斯博士的错误。我想要说的只是,如果翟理斯博士将那个汉字假设为动词的话,那么在文笔通畅的中文中,这句话将不会是读作"色难",而是"色之维难"。如果这里的"色"字是一个动词的话,那么非人称代词"之"同样也是不可或缺的了。

即便是不管语法上是否精确,翟理斯博士对孔子的回答所做的翻译,只是联系整个上下文去看,也可以发现他根本没能把握住其实质要点。

子夏问:"何为孝?"孔子答曰:"色难。(难在于方式和态度。)"子夏问:"有事,弟子服其劳,有酒食,先生馔,曾是以为孝乎?(当有事需要做时,年轻人应当努力去做,而当有酒食时,应当先让长者去享用。——您认为这真的就是孝吗?)"这样一来,以上所有观点都已陈列在此了——关键的不是你应当对父母尽何义务,而在于你是在用何种方式,以什么样的精神面貌去履行这项义务。

在这里,我想要指出的是,翟理斯博士错误地以为只需在名义上去履行道德的义务,可是,孔子的道德教义的伟大和真正有效之处却正在于这一点。实际上,孔子主张的并非在于去做什么,而在于怎样去做。这两者间的差异,便是所谓的伦理道德与宗教间的差异,同时也是单单作为道德家的准则和真正伟大的宗教导师的教义之间的差异。道德家对你说的是,何种行为是道德的以及何种行为是非道德的。然而,对真正的宗教导师来说,他告诉你的却并不仅仅是这些。作为一个真正的宗教导师,他不仅要教导人们怎样去做事,而且还更为注重其行为的蕴涵意义,也就是注重此种行为所蕴涵的态度。一个真正的宗教导师会告诉我们如何区分什么行为是道德的,什么是不道德的,它并不在于我们做了些什么,而在于我们以什么样的方式去做。

马太·阿诺德曾在其教学中说过一个基督所采用过的方法:当一个可怜的寡妇给他一枚最小额的八分之一的硬币时,基督提醒其门徒的并不是她给了什么,而是她是用怎样的方式去给。道德家们强调:"不许通奸",而基督则说:"我想说的是,无论哪个人,当他满脑子欲望地去偷窥一个妇女时,他实际上已构成了强奸罪。"

同样的道理,孔子时代的一些道德家对孝的认识是这样的:子女必须要替父母劈柴挑水,将家中最好的东西留给父母。而孔子却不苟同:"不,那并不是孝。"真正的孝并不是单单体现在去履行对父母的义务,更体现在以怎样的方式、态度以及精神状态去履行这种义务。孔子说过,什么是难做到的呢?用怎样的方式与态度去履行才是最难做到的(即色难)。最后我要说的是,孔子是一位伟大杰出的宗教导师,而不是像一些基督传教士所说的那样仅仅是一位道德家,他正是通过教义里的力量,将人的道德品行视为内在的本质力量。

我将用现在中国正在开展的改革,去对孔子的教义作进一步深入的阐释。那些得到外国报纸肯定的"进步"官员们,正在忙得不亦乐乎。他们甚至想要去欧美,妄图从大洋彼岸去寻求一些中国应当采取何种改革的良药。但是十分的不幸,能够拯救中国的并不是这些"进步"官员们所激励推行的改革,而是这种改革应该怎样被推行。十分遗憾的是,我没法组织这些"进步"官员前往欧美去研究那里的宪法,也不能强迫他们待在家中去好好地研究孔子。在中国要想阻止当前改革运动造成的混乱、灾难和痛苦,就一定要让现在的这些官员去真正领悟孔子的教义,并致力于怎样将这种所谓改革的东西取代。

在此,我还要简单地谈谈翟理斯博士《崤山笔记》中的另外一篇论文《四个阶层》。

一次招待会上,日本人末松男爵说到,日本人将其国民分成四个阶层——士、农、工、商。对此,翟理斯博士说:"将士译为士兵是不对的,那是后来才有的意思。"并且他接着进一步说:"'士'最早被应用的意思是指相对于警察来说的百姓。"

然而,事实却正好与此相反。"士"字的最早用法,是用来指中国古代的士族,相当于当今欧洲那些身穿制服并且佩剑的贵族。而在那之后,军队中的官兵便被称作士卒。

中国古代的平民官僚阶级都被称作"士"。平民官僚阶级的崛起乃至变成统治者,发生在中国的封建制度遭到废除的时候(即公元前二世纪),在那之后打仗已不再是士人唯一要从事的事务了。接着,平民官僚阶级也就逐渐成为和原来那种佩剑的制服贵族不一样的着袍贵族了。

武昌总督张之洞大人曾向我求教,问及外国领事明明是属于文职官员,为何要穿制服并且佩剑。我回答他说:"这是因为他们属于'士'。他们不同于中国古代那种平民学者（也就是史），他们是那种需要服兵役的士大夫，或者将其称作武士。"总督大人接受了我这种说法，并在第二天下令武昌学堂的全体学生都改换去穿军服。

因此说，翟理斯博士所言及的中国的"士"究竟指的是平民还是武士这个问题至今依旧具有很大的现实意义。这是因为将来的中国究竟是能够独立自主，还是要受人管制，正是取决于中国能否拥有一支强大的、训练有素的军队，同时也取决于中国那些开明的统治阶级能否长久地回归到"士"字所蕴涵的古代含义上去，也就是说不做手无寸铁的软弱文人，而是做一个全副武装去保卫自己的国家不受外敌入侵的英勇武士。

归国留学生与文学革命——读写能力和教育

我必须要感谢你们的通讯员胡适之为我提供了这么一个机会，让我可以更多地说一说当前这个愚蠢的文学革命，但这在你们让我写的那篇短文里却是不能做到的。

首先我要对你们的通讯员指出的是，我文章中引用莎士比亚的话是为了对人们说明，胡适博士所竭力主张与坚持的，书面语言（即文言）或者说古典中国语言对富有创造性的文学作品而言，是一种不合宜的（或者如胡适博士用其留学生英语所表达无法胜任的）工具，纯粹是一种瞎说。简略地说，我尝试着对那些不懂得中国文学的外国人解释，如同古典式的莎士比亚英文不单单是一种合乎时宜的，而且还是一种不错的工具一样，想要写出富有创造性的文学作品，文言或者说古典中国语言要远远强过口头语或者说白话。这才是我和你们的通讯员论争中所持的观点，对此他却好像没能弄懂。

你们的通讯员还接着说："今日的世界广泛流行着比莎士比亚的英文更加通俗的英文。"这确实如此，但同样，在世界各国，面包与果酱的消费量远远大于烤鸡却也是事实，可是，我们却不能为此就认定烤鸡没有面包与果酱味道美妙或富有营养，从而应当全都只去吃面包与果酱！

此外你们的通讯员还在抱怨中国百分之九十的人都不识字，是"因为中国的文言太难学了"。我以为，所有人——包括外国人、军事家与政治家，尤其是那些从国外回来的留学生们，今天在中国还可以拥有如此好过的日子，不应该再有什么抱怨，而应当为中国四亿人口中有百分之九十的人不识字这件事而每天谢天谢地。这是因为：想一想如果四亿人口的百分之九十的人都认字，那将会造成怎样的后果。想象一下，如果在北京的苦力、马夫、司机、理发师、船夫小贩、无业游民以及流浪汉，诸如此类的人全认字，并且都想去和大学生们一同去参政，那将是一幅何等美妙的图画。据说最近有五千份有关山东问题的电报发往身处巴黎的中国代表手中。我们来计算计算，如果中国四亿人口中的百分之九十的人认字并且想要成为同我们留学生一样的爱国者，那么所拍电报的数量以及为拍电报而花费的钱又该有多少！再进行这么一个设想，如果中国人口中百分之九十都认字和懂通俗的英文，那么，基督教青年会将变得何等兴隆，估计英国的百万富翁也无法捐出修建基督教青年会三层楼所需的钱款来。此外，如果百分之九十的中国人不单认字并且还懂得通俗英文的话，那么首先会出现的一个现象就是我们那些可怜的归国留学生们将被迫退居到十分无足轻重的位子上；而后，我们将不能够再像法国国王说"朕即国家"以及我们现在友谊社、集会、协会以及那些发往巴黎的电报里所说的那样大声声称："我们是中国"。

我认为，你们的这个通讯员和时下很多人一样，被困在这样一个错误观点中：以为识字和受教育是同一回事。可这种观点却是完全不对的。我认为，恰恰相反，一个人识的字越多，他所受的教育可能就会越少。而教育是什么？"受过教育"或者说有教养又是指什么呢?

子夏说:"贤贤易色,事父母能竭其力,事君能致其身,与朋友交言而有信,虽曰未学,吾必谓之学矣。"(《论语》卷一)

根据这种教育的标准,那些被你们的通讯员称作文盲的占据中国四亿人口中百分之九十的人,将是在中国甚至是全世界遗留下来的唯一真正受过教育的富有教养的人。

是的,在堕落、退化的文明时代,如同我们所生活的现实一样,就"教育"一词的真正意义来说,一个人具备的文化或学问越多,他受到的教育就会越少,也就会越发缺少和其相称的道德。

在罗马帝国的后期,塞涅加说过:"自从我们中间出现了文人以后,好人就消失了。"明代末年著名的学者顾炎武谈及他所生活的那个时代的人时也说过:"一旦成为秀才、举人或太学生,他马上就会变成道德上没有希望的人了。"作为一条规律,现在的人们同样可以这么说:一旦一个中国的穷男孩完全学会了通俗的英语,并且可以使用它去给报纸写信,你就会发现他马上就成了一个"道德上的小人"。

一些人可能会认为最近我将发表在你们评论上的那篇文章里所引用的基督的话,用到那些将通俗英语和"新学"带到中国的外国人身上,是有些太过于严厉了。可是,但凡有这种想法的人都应当去读一下、看一下一个"中国教会学生"所写一封信中的语调与精神。那封信也在你们刊登胡适之通讯的那一期评论上发表过。这个"中国教会学生",用其通俗英文蔑视、嘲笑日本民族,可是他了解现在的日本民族吗?知道日本是如何成为当前世界上的五大列强中的一员的吗?我在这里告诉他:日本之所以能够变成今天这样一个伟大的民族,原因在于当外国人入侵的时候,有些日本学生为了寻找并带回对日本抵御外敌侵入有用的东西，竟不惜偷偷潜藏在外国轮船上漂洋过海去往国外。当他们从国外回到祖国时，他们并不是将自己装扮成所谓的爱国者，去组建什么友谊社或者是发送什么电报，也不是在报纸上写文章去辱骂外国人或者外国民族，更加难能可贵的是，他们不是效仿外国人那样去过自己的奢华生活，刚好相反，他们为了做到有助于组织与管理自己的国家，仅仅是凭借刚刚能够维持温饱的薪金在生活（例如已经故去的小村寿太郎伯爵，一位曾经出席朴次茅斯和会的大使所过的那种生活）。他们这种做法让外国人不由得去尊敬他们。于是，治外法权终于被废除了。在两次世界大战中，日本人前后曾和两个帝国作战，每一个帝国都是日本二十五倍那样大，那时候千千万万的日本学生弃笔从戎，走向战场，为他们的天皇和祖国甘心情愿地献出生命。在我看来，日本能够成为一个伟大民族，其原因正在于此。

——1919年8月9日，写于北京

告准备研究中国文化的欧美人

由于我懂得好几种国家的语言，所以时常有人问我是如何学的。每当被问到这个问题，我都如此回答：这是因为我有一种钻研语言的热切希望。不管什么人，要想将中国语言学好，都一定要有钻研它的热切希望和强大动力。那些居住在中国的外国人，之所以学不好中文，并非是中国语言非常难学，而是他们缺乏努力钻研中国语言的毅力。一些来到中国的懒散之人，好不容易进行了一点中国语言方面的研究，稍稍有所收获，就开始喋喋不休，认为自己的研究可以带给中国政府重大的帮助等等。像这样一类人，一旦他们中止了研究，马上就会把自己所得之物，扔到墙角去并且永远不再过问。

耶鲁大学的乌卡利阿斯先生曾给我写过信，他认为许多西方人，由于自满于他们在物质文明方面取得的成就，便不想去理解中国民众的社会性价值（也就是道德伦理价值），因此也就极少去研究中国语言。陶醉于北京的豪华旅馆、美丽的屋顶庭园的那些人，可能会认识到中国民众的社会道德价值吗？有时候，我去屋顶庭园，看到那忙于吃吃喝喝的外国人，就禁不住想起马太·阿诺德说过的话，把这些人作为观察对象，观察其语言、思想等等，能否可以得到丰硕的成果呢？这个问题还难以让人立刻给出答案。

曾有一个英国人对我这样说："我们英国人是正视现实的国

民。"我们现在就来看一下这些所谓正视现实的英国人是怎样"正视"中国人的。弗尼德里克·特力乌斯曾说过:"广东是一个地狱一样的地方,一切见闻都是那样的让人不可思议,街道阴暗狭窄,不见天日,空气中散发着毒瓦斯一样的、令人窒息的恶臭味。一进入街巷,你就会看到到处都充斥着阴森吓人的面孔,他们有的衣着极其肮脏,有的衣不蔽体,裸露着黄色的皮肤。他们战战兢兢、鬼鬼祟祟地从一个街巷挪向另一个街巷,他们的神情是那样的诡秘、奇异,以至于让人一看到他们,就不禁会想到他们那邪恶恐怖的暴乱以及刻毒的虐待。"等等。

由此可知,在这些"正视"现实的英国人眼中,中国人只是衣着肮脏、拖着根猪尾巴的黄皮肤的人罢了,除了这些,再也没有什么别的可说的了。华兹华斯曾说过这么一句名言:"对于一般的、没有什么教养的人来说,即便是美丽的樱花,在其眼中也不过只是一株樱草罢了。"自诩"正视"现实的英国人正是这样。他们无法透过中国人的黄皮肤去认识中国人的本质,体察中国人的德行和精神。如果他们想要真正理解中国人,他们就应当认识到,在黄皮肤下面有一个美好的精神世界,这就如同古希腊有男神女神的信仰一样,中国的道教里也有十分丰富的有关山神、海神的种种传说。许多佛教诗歌在中国广泛流行着,那里面所蕴涵的哀伤的情调,不正和但丁的《神曲》相似吗?对那个未来必定能够更新社会秩序,进而改变整个欧洲文明,中国人甚至一些英国人都信奉的"君子之道"的儒教,为什么他们就没能看到呢?

罗斯·迪金逊教授曾经说过:"中国的国民至少在对自己及对自己同胞的态度方面,已经将自诩为'民主'的欧美人的理想彻底地付诸实践了。"很明显这位教授对中国人的认识,已经不再是仅仅将眼光逗留在中国人的黄皮肤上了。

《日本见闻》是皮·爱迪·奇安巴兰先生的著作，他是一位在东京帝国大学执教多年的英国人。在这本书里，他对日语做了这样的批评："这种语言有一个缺点，那就是在大多数情况下，缺乏拟人法，例如，'炎热使我倦怠'、'绝望使得他自杀'一类的表现手法，日本人基本上不用，而是说'热得懒洋洋的'、'绝望地自杀'等等，这样一来，虽然想要说的事被全部表达出来，但诗的表现力和描绘所具有的美感却失去了，一旦接触到东方国家枯燥乏味的语言，你就会深深地感到欧洲的语言是何等的优美、何等的富有表现力，由语言所导致的这种缺陷，让日本的诗歌缺乏诗意，显得平淡无奇。所以，在日本即使有华兹华斯出现，也很难写出下面这种比喻迭现、妙趣横生的诗句：

假如有一天思想和爱神离我们而去，
就让我们将和诗兴灵感的交易中断：
去追随思想和爱神，我们那志同道合的伴侣，
不管感觉是欢迎还是拒绝，
心内的天空都会将激励的露水洒落在自卑的低地上。

拟人的手法对于东方人而言，似乎是只可以理解但却无法言传。"等等。

从以上这些话语中我们可以看出欧美人典型的妄自尊大和自以为是。

中国和日本缺少上面所说的这种拟人手法的确是事实。但恰恰应当指出的是，一种抽象的拟人法应该被尽量避免。例如哲学家与风流女郎一起去夜总会的这种说法，对东方人而言就显得十分奇怪和滑稽。事实上英国那些一流的诗作也绝非是得益于大量使用拟人

法。

弥尔顿说过:"诗歌必须是简洁的、直观的,必须具有情感的高潮。"所以,用哲学家和风流女郎手挽手一道招摇过市之类的言辞,恐怕是既算不上简洁,也不是直观的吧。华兹华斯诗歌的精妙之处,并不存在于奇安巴兰先生所引用的那些诗句中,而存在于我下面所引用的这些句子中:

水波荡漾在他们身旁,
而他们的欢快却胜出了波浪。
在如此欢快的同伴当中,
那诗人却无法独享欢畅。

尽管不论是中国还是日本都不怎么使用抽象的拟人法,但也绝不是如奇安巴兰先生所说的那样就缺少比喻的表现手法。在中国经常会将热恋中的少女喻为"少女怀春",意思就是说,她的内心如同春天一样热烈和温暖。日语中有"衣着褴褛心似锦"之类的说法,这些都非普通的比喻手法,应当说都是高雅和美丽的。

奇安巴兰先生所得意的,以为是欧洲语言了不得的富于比喻,富于诗的表现力和意境美,恰恰是中国语言的长处。正因为如此,中国语言才特别难学。

我有一个朋友在分别很久之后给我写了一封信,大意是说:"分别以后,光阴似箭,虽然一直杳无音信,却时刻不曾忘记兄台。"为了表达出这个意思,他在文中是这样描写的:

"别后驹光如驶,鱼雁鲜通,三晋云山,徒劳瞻顾。"

他将光阴似箭一般的飞逝比成骑马掠过墙缝那样的急促,并且还感叹无法让南来北往的大雁传递信息,相隔万水千山,以至于让人徒劳地思念不已,等等。难道这里面缺少诗意吗?难道这里面没有比喻吗？这难道不能说是在表现手法上已臻于完美之境了吗？平时来往的信函尚且写得如此诗情画意，那么专门的诗歌就更不要说了。

因此，与其说东方语言缺少意境与表现力，倒不如说在意境与表现力方面，东方语言是太过于胜出太过于强大了。所以那些以"正视现实"而自夸自大、想象力贫乏可怜的英国人是无法学好东方语言的。这一点，从这位在日本东京帝国大学任教多年却依然以为东方语言枯燥乏味的奇安巴兰先生身上就能够看得出来。

那么，中国的语言又是怎样去表现意境美的呢？我在下面将引用一段可以称作中国的华兹华斯——苏东坡的词作：

"大江东去，浪淘尽，千古风流人物，故垒西边，人道是三国周郎赤壁，乱石穿空，惊涛拍岸，卷起千堆雪，江山如画，一时多少豪杰。"

我敢这么说，在这里我专门引用的这段苏东坡的词作无论如何也是不能够用英文译出来，并且让英国人看懂的，因此，我们也可以和奇安巴兰先生一样得意地说，中国诗歌的意境美与表现力是一个普通的外国人根本无法理解的。并且，如果不懂一些历史性的知识，也无法将其含义充分领会到。

下面引用的是丁尼生一首小诗里的一节：

（他）太有失一个清教徒的身份，

在哼唱着一首阴郁的圣歌。

诗句虽然十分简单，但是如果没有英国史的知识的话，是很难读懂。同样的道理，要想理解中国的诗歌，就必须要对中国的历史有所了解。上述的这段苏东坡的词作是作者自己挂着拐杖，走在一千七百年前中国发生的和英国清教徒与勤王贵族决战相类似的一个古战场——赤壁时吟咏出的。纵观历史，我们这类清教徒在大战前夕一般都是要横戈赋诗的。

可是我的朋友、号称中国政治问题研究专家的甘露德先生却认为："中国的历史书里所讲述的全是些帝王妻妾的故事。"而且我在上文提到的那个奇安巴兰先生也认为："如日本外史那一类枯燥乏味、令人难以卒读的东西，居然可以让日本国民那样地慷慨激昂，的确是应当看做文学史上的一大怪事。"对此，我们只好像吉卜林先生那样感叹："东就是东，西就是西。"可是，我在翻阅那充满东方精神的日本外史时，身心恍惚、感情激荡，像是着了魔一般游荡于天外。也正因为这样，这本书才让日本武士的精神得到大大的鼓舞，让日本人的宗教性的忠君思想得以弘扬，从而让明治维新的改良大业得以成功，让日本从此步入到世界强国的行列。因此在一定意义上，可以将这本书称为缔造当今日本的原动力。

接着我要谈一下我对中国文学及中国文明的认识，为了避免自夸，我引用哈里曼先生的话来证明我的看法。这位先生十分富有学识，并且在中国生活了很多年。

"我在中国待了近十八年的时间，我对中国是较为了解的，对中国的语言、习俗、历史、艺术等等，作为一个并非以此为事业的人，在时间、条件允许的情况下，我对其进行了尽可能深入的探究。其中，我的一些想法可能会有所改变，但在总的方面却是一致的，甚至可以说是更加深化了。那就是在中国文明里，有着其他地方无法找到的社会价值。我并非是一个'中国学'的学者，所以在阅读中文原著时还是感到有一定的困难。尽管这样，当我进入中国文学世界时，我立刻就被一种无法名状的魅力吸引住。特别是在读到诗歌的时候，我常常会被它那精妙的描写打动，时常感到一种在其他地方从未曾有过的情感洋溢在胸中。读现代诗歌时的感受是这样,读诸如《诗经》之类的古典诗歌时就更是这样了。"

孔子说在他十五岁时就立下了做学问的志向,因此要想学习中国语言与中国文学,就必须首先立下学习、研究它们的志向。如果仅仅是为了混碗饭吃,为了赚取钱财,那都是行不通的。我的一位友人加伊路斯博士说他自己"为学中国语言,丧失了很多钱财"。赚钱和从事中国语言、中国文学的研究是无法兼得的。这同赚钱和从事莎士比亚、华兹华斯研究不可兼得是一样的。因此,要想立志从事于这样的研究,一定要有一颗高贵的心灵。那些满脑子想要赚钱的、没有高贵心灵的人是无法理解蕴涵着真正社会价值的事物的。或许会有人问,没钱又如何去生活呢?问这样问题的人应当去拜访一下穿着和住宿都极其简朴的牧师,请教请教耶稣指着那野生的白百合花都说了一些什么。

所以,我要告诫那些想从事中国语言、中国文学研究的欧美人:你们必须要抛除物质主义的自满自大,应当学会透过人的衣着和肤色去认识其社会价值与人格价值。上帝之所以创造出了四亿中国人,不是为了来到中国的欧美人去享乐的,而是为了让欧美人学习那种真正社会的、人生的价值。

最后,如果有年轻的欧美学者计划从事中国文学的研究,我想赠给他们同样的一句话,它是我在北京大学教授拉丁语时赠给学生们的格言:

Disce, Peur, Virtutem ex me verunquc laborem, Fortunam ex aliis!

(年轻人,你们应当拥有高贵的灵魂和真正有价值的工作,你们应当超越我们,去获得更高的荣誉。)

君子之教

一个读过我的《好公民的宗教》这篇文章的外国人向我问道:"现在,腐败正在将中国政府瓦解,你怎么可以写这样的文章去替贪污腐化作辩护呢?"在对他做出回答时,我说道我从来不曾替贪污辩护过。"但是,"他说,"你说过贪污并不是属于不道德。"我回答道:"是。我是说过贪污并非属于不道德。但是,你必须要弄明白我说这话的真正意思。"道德并不意味着要求人们去做和一个在中国政府机关任职的外国人那样的伪君子,他自己享受着巨额的薪水却傲慢地标榜是在对中国尽责。当有人向他问及为什么不让他的孩子去学汉语的时候,他却回答说:"我对中国人没有兴趣,因为他们全都是贪污犯。哪天我挣够了钞票可以回家舒服地去过日子了,我会当即离开中国。"我认为,不道德就是非人道、无人性的,这用我们中国人自己的话来说也就是"不仁"。如今,一个自私的外国伪君子认为只要他不曾贪污,他就是十分"道德"的了,他从没有听过基督所说过的那句"这是你应该做的,而不要留给别人去做",因此他也就没有那种"上帝赐予的人类情感",没有那种感恩、同情与仁爱之心。但贪污意味着失信,就像一个法官或警察接受了贿赂,虽然不能将其称作不道德,但那却是近乎无耻的丧失廉耻。"那么,"

有人接着问道,"不道德和丧失廉耻有何区别呢?"我回答道:"区别在于当一个人不道德的时候(也就是中文里所说的不仁),他们是没有人道也丧失了人性的,变成了罗斯金所谓的鼠豕;但当一个人丧失廉耻的时候(也就是中文里所说的不义),虽然他还是一个人,却算不上一个君子。正是由于这个原因,我们中国人将廉耻和名誉感称作'君子之道'。"

孟子认为,世界上的人可以分为两类:君子与小人。"小人劳力,君子劳心","无小人无以养,无君子无以治"。如今在俄国,喝着香槟的君子让小人也就是那些贫苦的农民们变成了鼠豕,所以现在他们在俄国"无以养"(也就是没有东西可吃)。但是在中国,那些将"新学"引入的"Democracy"(民主狂)则将君子毁掉,所以现在在中国,我们的情况是"无以治"(缺乏有效的治理)。外国人以及外国报纸对当前这个共和国臭名远扬的贪污腐化进行大肆攻击。现任司法总长的贪污就刚刚被曝光出来。但是,外国人知道谁应当对中国这种自共和国建立之初就始终存在并且现在已经对政府亡造成威胁的猖狂的贪污腐化来负责吗?

为了对这个问题做出回答,我在这里引用一下我在《中国牛津运动故事》一书的再版的引论中所说过的一段话。在辛亥革命刚开始的时候,我引用一位法国作家的话说,"一切文明与统治赖以存在的最终基础,是大众普遍具有廉耻感并且在公共事务中秉照正义而行。"我预言这种共和国体制在中国一定会失败。为什么这么说呢?我认为:"共和国要想在中国获得成功,那个作为政府最高首脑的人就一定要具备卓越杰出的品格,可以触发整个民族的想象并且获得他们的尊敬。可是袁世凯的所有作为,不仅证明他不但不具备一般人应有的廉耻与责任感,并且连小偷和赌徒的品格也比不上。

我们还记得，在受命捍卫大清的时候，袁世凯表面上是奉令出山。可是他却没有像一个有廉耻心的人所要做的那样去尽心尽责，反倒先是对革命党恭顺屈从，然后又使出百般伎俩、用尽心机地去破坏自己的军队对朝廷的忠心，手握重兵，洋洋自得，逼迫大清的皇帝退位，最终自己变成共和国的总统。即便只是一个具备最基本常识的人，又如何能接受通过这种不耻的行为而得到的名分呢？

"外国人对袁世凯表现出欣赏，将他看做一个拯救了中国时局并且还避免了流血冲突的政治家。却不曾看到，他只是为了眼前暂时的利益而推迟了那些必要的少量流血，反而将更为恐怖的混乱与更大的流血冲突留给了将来。确实，如果我上面所描述的没有差错的话，那么，袁世凯的所有作为和人类的流血冲突相比性质恶劣十倍——他不仅让中华民族的廉耻和责任感（或者说名分观念）丧失，并且还毁坏了中国政教与中华民族的文明。

"我的不少外国友人笑话我，认为我是在对大清王朝愚忠。然而我的这种忠诚，在当前情况下，不仅是对让我世世代代承恩受益的王室的忠诚，更是对我们中国政教的忠诚，对整个中华民族文明思想的忠诚。"

我认为我对大清王朝的这种忠诚其实是对我们中国政教的忠诚。那么，中国政教是什么呢？我认为，中国的政教便是君子之教。这种君子之教的大法可以称作廉耻以及责任大法，如果用中国话来表达的话，那就是名分大义和忠诚之教。这种忠诚之教为什么被称作大法呢？我慢慢地说给你们听。我之前说过，贪污是丧失了廉耻和近乎无耻的，它意味着失去信用。一个家里的"仆人"的贪污，一个捐客的漫天要价，甚至是一个警察的收受贿赂，相对说，都还只是一些小小的失信；如果一个君子不忠于他的君王，那就如同欧洲的一个官员将其誓约违背一样。在中国，被称作大失信，其实是信义和廉耻的丧尽。也就是因为这个缘故，我将忠诚之教称作"大义"或者说是名誉（廉耻）大法。换句话说，之所以将这种忠诚之教称作大法，是由于正是基于这个大法（这种廉耻心的规范），中国的普通民众，乃至那些商人和普通的苦力也具备一种高度的名誉感，因而也让外国人为此赞叹说："中国人的就如同契约一样可靠。"实际上，如同我在上一篇文章中将"孝"称作中国社会之爱的源泉一样，在中国，这个大法、这种忠诚之教是人们的廉耻之本，按照罗斯金的说法，那就是社会秩序的基础。简略地说，中国的政教、中国社会秩序的基础就是"忠"和"孝"这两个字。说得更确切一些，这个大法就相当于宪法，是一部国家的道德宪法，我曾将其称作中国的好公民的宗教。也正是由于这个原因，我认为我对大清之忠其实是对中国政教的忠诚。

也是由于这一原因，我一再地强调，袁世凯犯下的最不可饶恕的大罪就是对此大法（这种中国忠诚之教）的毁坏。现在这个大法、这种名分之教已经遭受毁坏了，也就是让人不再诧异为何在中国，上至督军（北京的督军和大僚），下至上海人家里的仆人、伙夫与苦力们，个个都兴高采烈地将"贪污"这一动词践行："我能贪污，你能贪污，他能贪污；我们能贪污，你们能贪污，他们能贪污！"

现在那些愚蠢而发狂的共和佬还在奢谈什么法律与宪法。然而，没有君子之教，没有廉耻之感，你如何可以相信那些人能够对宪法忠实呢？如同我对唐绍仪所说的一样："你们破坏了道德宪法，毁掉了一位君子负高无上的名誉感——那种对大清皇帝的忠诚，他将顶戴花翎赐予了你，你却不为他献上自己的学识与一切——谁还能相信你会对那些编制出来的宪法重视呢？"简略地说，法律与宪法只能对那些有廉耻心并为之坚贞不渝的君子们起到作用，也只有那些君子才可以让法律与宪法真正去实施。

在这里，我想举一件事例来说明现在中国的总统在消灭贪污腐化方面为何会如此无能。在日俄战争时期，已经故去的张之洞大人正担任南京的两江总督。一个德国洋行的老板带他的买办一同去拜访我的老朋友梁敦彦先生，当他们将要告辞时，那个买办将梁先生拉到一旁，将一张一千元的支票塞给他，并将其称作见面礼。为此梁先生给了他一巴掌。我是在上海听说了这件事——在上海这件事被外国人捅了出去并且被当做一个大笑话广为谈论。我回到南京以后向梁先生求证这是不是属实，并且告诉他，在上海每个人都认为他是一个他妈的大傻瓜。他回答说："是这样的。不错，老辜，我们是他妈的穷光蛋，可是如果我接了那钱，那么，当我想对那些外国人呵斥'他妈的，你们这些混账的东西'的时候，当我想用这一类的话去呵斥吓唬他们的时候，就会不响、不灵了。"故此我们可以知道中国总统在消灭贪污腐化方面之所以如此无能，就是因为他自己先毁坏了那种忠诚大法，那部中国人的道德宪法。他不可能再有勇气和胆量去对他那些公然贪污腐化的下属大声呵斥"他妈的，你们这些混账东西！"即使他说了，也会像我的朋友梁先生所说的那一样，此时这种吓唬呵斥之语已经是"不响、不灵"，于事无补的了。

不仅这样，如果没有这种大法，这种中国的忠诚之教，即便是家中的仆人们也可能都会因此而伤风败俗，将坏事干尽。为了证明这一点，我将从中国清代大学者纪晓岚所著的《阅微草堂笔记》一书里，抽译出来一篇故事来作说明。这个故事讲的是，有这么一个高官，他家里有一个伶俐乖巧、很受人信赖的男仆，后来由于贪污受贿，被他处死。后来这个男仆的鬼魂附体在他家里另一个疯癫的女仆人身上。当这个高官发现并将要处罚她时,她和主人争辩说:"我收受了贪污受贿是应该受死,可是您,我的人却并没有权利把我打死。你作为高官,可以从皇帝那里领取到一大笔俸禄,而我作为仆人同样也可以从你那里得到一点好处。你通过卖官鬻爵获取了百万钱财,而我只是利用行些方便赚取点小钱,我们两个人在受贿这点上又有什么区别呢?你颐指气使、任意夺夺,并且还一副道貌岸然的样子处处装腔作势,实际你我之间的恶行又有什么差别呢?既然你自己都已丧失了对皇帝的忠心,又如何有资格去惩罚我对你的失忠呢?因此我认为,大人您没有资格将我处死。"

身为基督使徒的詹姆斯说过:"纯粹的宗教生活以及在上帝和神父面前的纯洁,是在当孤儿和寡妇处于不幸之中时,去抚慰他们,并且洁身自好,不受尘世玷污。"抚慰孤儿和寡妇就是一种社会大爱,而洁身自好、不受尘世玷污则是廉耻之心。我再强调一遍,在中国政教里,对父母的孝是社会之爱的根本,对皇帝的忠则是廉耻和名誉感的根本。中同伟大的政治家诸葛亮说过:"进思尽忠,退思补过。"将其翻译为英语就是:When in office, think how to be absolutely loyal to the Emperor and out of office, think how to live without blame.(当你在位做官的时候,你需要思考该如何绝对效忠皇帝;当你离职隐退的时候,则需要思考该如何去过一种没有过错的生活。)或者如那位基督使徒所说的一样:"洁身自好,不受尘世玷污。"这就是我想让那些对中国达官贵人们的贪污腐化大谈特谈的外国人知晓的,即中国的这种君子之教。

最后,在本文结束之前,我想顺便谈我的一些经历,从而让现在日本那些空谈政治科学、宪法与普选权的政治家们明白,中国的这种君子之教同时也是日本的君子之教。我在武昌担任张之洞总督大人的幕僚时，我那现在已经故去的日本妻子鼓励我办了一所免费学校，专门供那些贫困的街坊邻居的孩子们前来就学。在新年以及每个节日前，她都要给学校里最穷困的孩子们做身新衣。格雷齐的罗马天主教圣母在谈及其孩子们时很喜欢说："这些是我的宝贝。"我的妻子同样也喜欢指着那些穿着新衣服的穷孩子对她的朋友说："这些都是我的花朵！"我在总督那儿工作了十七年也没有得到擢升，至于原因，正如总督笑着对我所说的那样：我从来没有提出这样的要求，而他（总督大人）又的确太忙了，所以一直没顾上考虑这件事！然而最终晋升的机会来了。通过一个特殊的御令，一个外务部部郎的实衔赐予了我，并且我还被指命为上海黄浦浚治局的督办，可以得到八百两的月薪。但是，当这种好运降临之际，我的妻子却已经病得卧床不起。在她临终前的一天，她将那些穷孩子，她的那些"花朵"们叫到了身旁，对我指着他们说道："我死了以后，你要记住我的这些话：当你富裕的时候，想一想这些贫穷的孩子们，当你高升的时候，想一想你对皇上负有的责任。"

有人向我提问说，为什么日本，一个小小的穷岛国竟然能够一跃而变成如今这样的一个世界强国？我对此的回答是：这是因为在日本的明治维新时代，即便是妇女都能够懂得这种真正的中国政教，也就是君子之教。实际上，也正是由于在日本，能够产生如葬于上海百乐街外国人公墓、墓碑上"日本孝女"来自大阪的日本女人那种类型的妇女的因由。

什么是民主

在对这个题目进行论说之前,我要先对读者做一个声明,那就是无论怎么说我也不算不上一个学者。是的,我是精通好几门外国语言,但是,仅仅凭借这点是够不上学者的资格的。所谓学者,应有之义就是必须要对他所从事研究的事物非常精通。目前来看,我虽然也从事过不少研究,接触了相当多的事物,但是,在浩瀚的客观世界中,我所拥有的知识是十分浅薄鄙陋的。因此,如果读者想要从我的这篇文章里得出十分深刻的道理,恐怕将会失望。

虽然我不是学者,但对东西方的文明却也做过一定的粗浅对比。在少年时代,我就被送往英国去留学,在西方生活了十多年,我的青年时代几乎都是在那里度过的。在那段时间里,我对欧洲各个主要国家的古代语言以及现代语言进行了学习。通过对他们语言的学习,我对西方文明的本质也进行了一些初步的探究。

因为我的青年时代基本上都在欧洲度过的,所以在我刚刚回到国内时,对中国的了解反而没有对欧洲的了解多。但十分幸运的是,在我回国后不久,就去当时中国的伟大人物、湖广总督张之洞的幕府中就职了。我在那里就职多年。张之洞是一位名气很大的学者,同时也是一位高瞻远瞩的大政治家。因为这种契机,让我可以和中国修养最好的人朝夕相处，正是从他们那里，我才对中国文明乃至东方文明的本质稍稍有所了解和领悟。

就是这样，通过对东西方文明的对比研究，很自然地我得出了一个重大结论，即这个养育滋润我们的东方文明，即使是不比西方文明优越，起码也不会比他们差劲。我敢说，我所得出的这个结论意义是非常重大的，这是由于现代的中国人，特别是年轻人，大都具有贬低中国文明并且过度地夸大西方文明的倾向，我想在日本的情况也大概如此。其实中日两国的青年都是通过望远镜去对西方文明进行观察的，因此就让欧洲的所有一切都变得比其本身更加伟大和卓越了。但他们在对自身进行观察时，却把望远镜倒了过来，这自然也就把所有一切都给缩小了。

也许会有人要求我对中国文明的伟大之处举出一些证据。如果是这样的话，我想请他去看一下中国。当然我在这里指的不是现在这个共和国的中国，而是几千年来一直在延续的真正的、悠久的中国。就总面积而言，中国虽说是比欧洲稍小一些，但是，毋庸置疑，它是一个具有四亿人口的大国，是一个拥有了两千多年文明历史的巍然挺立着的大国，而这在世界历史上是十分少有的，仅此一点来看，又有谁能够去否认中国文明（也就是东方文明）的伟大之处呢？

如果还有一些年轻的读者依然希望我对东方文明的伟大列举出更为有力的证据的话，那么就请他再去看一下日本。大家都明白，日本是一个自然资源十分贫乏的很小的岛国。然而，明治维新以后不超过五十年的时间里，它就像是蛟龙出水，飞速跻身于世界五大强国之一，这让全世界都为之震惊与赞叹。

可是，日本是如何取得上面所说的那种奇迹的呢？这个问题很好回答，那就是日本人正是站在东方文明的优越点的基础上，才得以取得如此的成功。而这种优越的文明精神则始终在被日本人如同血肉一样代代相传。是的，日本是吸取了西方的物质文明，但像铁路、飞机、军舰等西方的诸种物品，充其量顶多只是没有生命的一堆机器罢了。如果日本人不具有一种伟大的灵魂，那么又如何能够十分有效地将这些无生命的东西操纵利用呢？换句话说，日本之所以如今能够强大，并不是因为采用了铁路、飞机、军舰等西方的物质文明，而是因为日本民族固有的伟大精神得到了苏醒与发扬，而这种伟大的精神，正是根源于古老的东方文明。老实地对诸位说，如果日本人将东方文明的珍贵精髓丢弃的话，那么日本就无法成为强国，我们东方民族也就会将唯一的希望失去。而中国之所以处在了当前这种悲惨的境地，主要原因是由于我们中国人，特别是知识分子将东方文明里的精华部分给抛弃了，这一点，我必须要遗憾地承认。

现在，保护我们共有的东方文明的精髓的重担就落到了各位读者身上，这次我应日本大东亚文化协会的邀请来到日本，其中的一个重要使命就是，我殷切地希望各位贤达将我们东方文明的精华继承、维护并发扬光大，而后将其原本面目再度带回中国去。我去年在东京做过一个简单的演讲，我在演讲中描述了这样一个事实：那就是东方文明像是一座已经建成了的房子；与其相反的是，西方文明则像是正处于建设之中的房子，为了对这一事实的理解更加深化，我们必须首先弄明白的是他们白种人有这样三种文明。

欧洲古代的文明，现代的欧洲人将其称作"Pagan Civilization"，也就是异教文明；中世纪的欧洲又有"Christian Civilization"，也就是基督教文明；如今的欧洲则正在尝试着建设自文艺复兴以后的第三种文明。

所以说，欧洲文明在其发展过程里，先后经历了三个革命性的阶段。第一个阶段是宗教改革，在那个时代欧洲人希望能够通过改革宗教的形式去促进文明的发展，但这次欧战发生后，欧洲到处都有革命在发生，他们希望以此去将社会的内容改变，也就是希望可以从本质上兴建一个崭新的社会。

然而，自文艺复兴之后，欧洲人始终试图将基督教文明取代，从而去建立一种新型的文明——Democratic Civilization，也就是民主主义文明。

但是，民主是什么呢？也就是说，现在欧洲人所希求的民主主义到底是何物呢？这个问题十分重要。不仅仅是对欧洲人而言，即使是我们东方民族也无法将其忽视。但是，我对这个问题所做的回答，一定会让东方各国那些欧洲文明的崇拜者们无比诧异。在我看来，欧洲人所热切希望并倾尽全力去实现的民主主义文明，其实就是我们中国人两千多年来一直保持着的东西。我的看法始终是这样的。

在进一步对这个问题进行解说之前，我先请各位读者看一下"民主"这一词的来历。

英文中的"民主"一词是从古希腊语的"Demos"演进来的，"Demos"的意思是农庄，也就是农夫耕作者用来居住的场所，相当于中文里的"丘"，它和商人、银行家以及财主所居住的都市相对立。由此可知，希腊语中的"Demos"指的就是居住在山间偏僻之地的人。我下面再谈一下孟子对民主政治的基础——"民"的重要性的相关论述。

"得之天子为诸侯，得之诸侯为卿大夫，得之丘民为天子。"

这样一来，大家就弄清了在两千多年前的中国古代，孟子就已经具有了民主思想，它和古希腊的那种民主思想是何等的相似！

由此来看，在真正的民主状态下去计票、投票，其人民必须要是农夫、耕者等庶民阶层，而并非是居住于大都市里的腐化奢侈的商人、银行家、财主等资本家阶层。我之所以说这个话题主要是为了解释一下为何当今日本的民主运动是以争取普选作为目的的。但是，虽然这么说，即使是在普选实施了以后，日本的民主程度是否达到了民众所期待的程度，还是非常有疑问的。

我们上面已经说明了欧洲人的"民主"和我们中国人所谈的是同样的东西，为了进行更进一步的论证，我想再来引用一位美国学者的一段话，这位学者对我们的中国文化和社会生活全都开展过十分深入的研究，他就是来自美国的传教士麦嘉温博士。他在其《中国指南》一书里说过："在以上所说的中国人的工商业生活之中，我们可以注意到该民族的一个显著特征，那就是他们的组合能力。这种能力是一个文明人的主要特征之一。对他们而言，由于生性崇尚权威并恪守法纪，因此组织和联合行动是一件极为容易的事情。他们的驯良和那种因为精神崩裂而遭致阉割的民族不同，那是由于他们自我管束的习惯，和地方性、公共或市政事务中长时间听任其'自治'的结果；可以说他们的国家是建立在人人自治自立之上的。如果这些人中最贫困可怜、最不文明的那部分将其置身到一个孤岛上，他们也会和那些在原来地区生活、受过理性民主教育的人们一样，迅速地将自己组合成一个完整的政治实体。"

我讲上面的话有如下几个意思，那就是，一，合理的民主主义与非合理的民主主义是全然不同的东西；二，一种合理的民主政治的基础，既非人民政治也非为民政治，更不是那些凭借百姓而建立的政府，而是自然而然地产生的那种对权威的尊崇。

为了将中国人事实上已经具有了真正的民主这一观点证明，我将再引用欧洲一位伟大的学者迪金逊教授在其《中国旅行日记》中所说的一段话，他说："中国人是一个民主性的人种，起码他们在对其自身以及对周围人的态度方面，已经达到了欧洲的民主主义者所渴望达到的程度。"

在对民主政治本质的论述上，我们下面要接着去谈道德和民主的关系。在座的诸位已经知道了披着欧洲外衣的"德谟克拉西"和我们东方文明中固有的"民主"居然是本质相同的东西以后，可能会为以前竟对此一无所知而感到有些不好意思，而这两者之间其实还是有区别的。欧洲的那种"德谟克拉西"是尚未完成的、非成熟的。同时需要强调的是，在当前这种形式下，它具有一些破坏性的因子，因此是一种十分危险的东西。

的确，已经故去的美国总统威尔逊曾经说过："我们人类为了达到实现民主政治的目的，必须首先实现世界的和平。"我想诸位读者对他这句话应该还记忆犹新，但恰恰相反，我要说的是："与其说是为了民主去争取和平，还不如说是为了维持世界和平，必须去保障民主。"的确，现在我们东方民族所面临的一个实际问题是用怎样的方法才能预防那含有破坏性因子的欧洲民主。在我看来，解决这个问题的唯一方法就是建立一种贵族政治体制。为什么这么说呢？这是因为每个国家的臣民都渴望拥有真正的民主，也就是渴望拥有很好的政治体制。但是，从一定意义上说，为了具备一种良好的政治，就必须要确立一种真正威严的贵族政治体制。英国伟大的思想家托马斯·卡莱尔曾就欧洲的民主问题说过如下的话，"如果要问在近半个世纪以来出现的剧烈拼斗厮杀给可怜的欧洲人带来了怎样的教训的话，那么答案就是，欧洲需要一种真正的贵族政治体制。要不然欧洲就不能够继续存在下去了。"

在这里，我愿意接着谈一下我在对中国历史的研究中所得到的一些启示，这或许会对加深大家对东方文明中为何会有贵族政治体制出现的理解有所帮助。如果真的可以对大家有所启示的话，那我将感到无比荣幸。

　　回顾一下中国的历史就能知道，早在两千多年前封建制就已经被废除了，那个时代的贵族政治指的是武士阶层的统治，在群雄割据的封建制被铲除之后，武士阶层的贵族政治也就走向了灭亡，并且武士阶层自身也渐渐地走向了灭亡。其结果是，神圣的政治被乌七八糟的俗吏操持的官府所控制，从而让中国的政治产生了倒退。政治从受人尊敬的贵族政治转向了低级庸俗的官僚政治。不过官僚政治在过渡时代也许也是必要的。到了后来，官僚政治终于失去了运转能力，探讨其原因，那就是官僚政治只能用于统治民众，而无法让民众受到教育。而在对民众的教育上，主要是教他们以礼仪，让他们知晓是非，明白廉耻，这就需要凭借政府的力量。然而，官僚政治体制下的政府官员知道的只是枯燥乏味的法律，却不懂得道德、礼仪方面的教育对于政治的重要性。这种官僚政治体制所导致的必然结果就是事务芜杂、机构庞大。随着政治机构的逐渐庞大，为了让这种政治机构得以正常的运转，就需要从人民那里征收越发沉重的税额，最终会让民众不堪重负，从而导致带有破坏性的民主运动的兴起，最后将这种统治形式颠覆。

　　在那些破坏性的民主运动将官僚政治体制颠覆之后，政治权力却并没有转移到民主派手中，而是转移到站在他们对立面的专制独裁者手中去了。在那个时代的中国，就出现过汉高祖的政治独裁。汉高祖最初还在叫嚣他是在"马上得的天下"，因此他也打算凭借武力去统治天下。但在后来，因为一位大学者向他献言说，政治统治只有凭借对人民的教育才可能得以完善,所以他才去实行"仁政"。这样一来,从此以后在我们中国就完结了那种带有破坏性因子的民主,从而进入到了真正的民主时代。

说到此处,各位大概会想到这一点:君主政治和民主政治不是水火不容的两种东西吗?不,其实对于民主政治而言,君主自身存在的必要性比君王对古代封建制的意义还要更加重大。虽然君主是古代封建政治体制里一种必不可少的灵魂。但对武士阶级的贵族政治来说,武士阶级和君主都拥有同样高贵的灵魂,他们都无法依靠法律、宪法之类的没有生命的东西去统治民众,而是依靠他们自身特有的高尚情操和灵魂去驾驭人民,因此在贵族政治体系下,并不怎么需要作为政治灵魂的君主。但是对民主政治而言,因为官吏的所做作为仅仅是没有生命的整个机器里一部分,所以,必须要依靠活生生的实体的君主权威也就是民族的灵魂去呼唤民众的精神。如果没有那种伟大的民族灵魂,那么民主政治体制下的官员也必定会堕落成官僚。古罗马时代的欧洲,曾出现过人类历史上最为庞大的共和政体,然而,一旦国家面临危急存亡之秋,罗马的市民便像扔破鞋一样将共和政体抛弃,毫不犹豫地将一切权力献给当时的执政官。由这里,我们就能够看出,在民主制度下为了维持权力的稳定就一定要有君主的存在。

我对日本的政府及日本的政治了解的十分之少,但在此处,我不惜越俎代庖发表一些评论。我认为今天的日本各方面的文物制度都和两千年前的中国相类似。日本在明治维新时期废除了以往的封建制度,因此武士阶层也就只能作为一个军队阶层而存在,而在政治上没有什么发言权。为了让政策得以贯彻执行,将贵族政治取代的正是官僚政治的建立。当然对这一点我并不否认,那就是日本的官僚政治对当今日本的建设以及当今世界事务发挥过前所未有的、让人惊叹不已的作用，但是，我对此感到的唯一遗憾是，这时发挥过惊人作用的官僚政治在教育日本人民让其可以自主自治，让其可以在不存在政府的情况下也能够自己去组织社会生活这一方面却是失败的。对此请恕我直言不讳。如今已经可以明显地看出，延续了半个多世纪的官僚政治，已经让中国两千多年前所经历过的痛苦，如今又重现降临到新兴的日本身上了。在我看来，当前日本所面临的真正危险正是官僚政治，而非一部分知识分子所认为的那样是因为军国主义。我之所以如此说，是由于官僚政治容易造成恐怖的、危险的、具有破坏性的民主运动的兴起。并且从中国的历史来看，在付出了巨大牺牲以后才建立起来的政治体制，依然并且也必然是官僚政治体制。真正的贵族政治体制的满洲朝廷的统一，因为长毛贼的叛乱而导致权威的丧失，在经历过宰相李鸿章的时代以后，中国的官僚政治体制便极大地扩张了势力。所以，在当前，为了防止破坏性的民主运动的发生，不管是日本人还是中国人，只要是东方民族，所应做的第一要务就是将官僚政治打倒，再度建立起真正的贵族政治。

但是，贵族政治应当怎样建立呢？

对此我的回答是简单的。第一，各位读者一定要明白，如果仍旧保留那些崇洋媚外而来的议会政治与普选，那就无法建立起真正的贵族政治体制。这是因为无需看别的国家的情况就能知道，普选只不过是徒有其名，人民选举出来的仅仅是那些靠嘴皮混饭吃的政党中的政客，而政治权力却仍然被官僚独占。

第二，要对民众实施一种高等教育。我所谓的这种高等教育，主要是让民众教育的实质得以贯彻，让人性从根本上得以校正，让民众的行为可以自然地、本能地沿着正确的轨道进行。如今世界之所以会陷入混乱不堪的境地，主要是由于低俗的教育太过泛滥的恶果。那么，如何才能让民众的教养获得实质性的普遍性提高？法国的罗兰曾经说过："要想让所有民众都得到良好的教育，关键是让部分阶层首先接受高等教育，只有等到这部分人所接受的高等教育获得成功以后，才能去对全民实施。美国的通俗教育十分普及，但是由于缺乏一种高级教育，普通的民众智力平庸，行为笨拙，精神浮躁，缺乏做人的基本知识，如果要将这种缺陷弥补，必须要经过漫长的岁月才可以做到。"

第三，我要给民主究竟是什么下一个结论，对于真正的民主而言，其实质不在于一种民主的政治，而在于一个民主的社会。在一个民主的社会中，民众即使不知道投票的方法及内容，不曾有过这方面的体验，也能自然而然地约束自己的行为，即使不依靠政府，也可以获得社会文化的精华。为了创造出这样的一个民主社会，就像我上面所说的一样，必须首先要实现贵族政治。而真正的贵族政治一定要依靠对民众自身高级教育的完善，也就是让民众的修养得以实质性地提高。只有如此，我们才可以让我们的理想得以最终实现。

最后在结束浅陋的本文之前，我还想指出，我们东方文明里所谓的"王道"指的就是一个民主社会的理想，也就是拥戴一个有德行的君主的统治。

中国文明的复兴与日本

弗劳德先生在其论文《基督教哲学》里讲述了一个这样的故事："在一个夏日温暖的清晨,一朵蔷薇花在绿叶的衬托下,显得格外娇媚。当这花正在自我陶醉的时候,无意中看到了她的根部,看到了培育她的泥土。哎哟,这些泥土是多么肮脏呀,在花里我是最美的花,可是为何却处在这样的环境中了呢?她发了一通感叹之后,便骄傲地将其脸面朝向天空。此时,小路上走来了一个最早的行人,他将这朵花摘下,放到手中的花束当中。这样,离开了自己泥土的花朵很快就随着花束一起枯萎凋谢了,她的骄傲只不过是短暂、瞬间的。"

如果将这朵美丽的蔷薇花比为日本的话,那么,培育出这朵花的肮脏的泥土就可以说是中国,而那朵一度陶醉于自我的蔷薇及其被插入其中的花束就是现代的欧洲文明。

日本朋友常常会问我这么一个问题,为何中日两国百姓之间存在如此强烈的敌对情绪?我如此回答:"这是一对同胞兄弟正在因为争夺父母的遗产而激烈地争吵。"意思也就是,这种争吵只是属于兄弟间常有的事情,不比他人。中国人与日本人之间存在的这种对立情绪,如同以前法国人和英国人之间的对立情绪一样。英法之间的对立主要是因为英国人自认为自己远远要优越于法国人。

过去，英国人看见法国人竟然食用田鸡那样肮脏的东西就将法国人认作是劣等的人类，由此而蔑视法国人。相当长的一段时间内，英国甚至出现了这样一个传闻，据说一个英国人可以将六个法国人打垮。从这可以看出，英法间的对立情绪主要是由于英国人总是在法国人面前表现得自己高人一等所导致。一样的道理，因为日本人总是对中国人以及中国的所有事物都表现出一种鄙夷的神情，久而久之，这种对日本人的反感就渐渐渗透进了中国人的内心。

事实上，小瞧法国人的英国人也不去想一下，如果追本溯源的话，他们那些所谓最优秀、最高雅的仪态风度，其实还是从法国传过来的。虽然听起来不可思议，但却都是事实。英国贵族对人的那种彬彬有礼，曾经让托马斯·卡莱尔先生都为之赞叹不已。英国人不但勇敢并且很有气度，而那些普通国立学校的青年学生在敌人受伤倒下的时候，也是绝对不会乘机将其杀害的。这种为英国人所引以为豪的骑士风度，并不是英国原本就有的东西，却纯粹都是法国人的品质，它是由那些诺曼征服者从法国带入英国的，从而也就逐渐变成了英国武士道的来源。

同样，如今的日本人也瞧不起中国人。事实上日本之所以可以达到今天这样的水平，完全应当归于向中国人学的功劳，虽然有很多日本人不承认这一点。现在日本人也认为他们不管是在气质还是在人格上都要优越于中国人，实际上这些却并不是日本人本身固有的东西，而是从中国人那里学来的。日本人时常向国外介绍东京的四十七义士墓，并且深深地以这些武士为报主仇而剖腹自杀的忠义烈行而骄傲。实际上这类事情在中国早在两千年前就已经有了，当时的武士田横在他的君主汉高祖死了以后，便以自杀的方式来表示对其君主的忠诚。其实新渡户博士所讲的这种由日本人自己创造出来的武士道，其基本精神也是传自中国。住日本历史上作为至高无上的勇士而受到尊崇的楠木正成，其形象就是从中国的关羽取来的，中国是将关羽看做军国主义名义上的保护者而加以崇拜的。而那些不知详情的外国人却认为关羽就是中国的战争之神。像楠木那样的人在中国被称作武侠，在法国则是叫"chevalier san-speur et sans roproche"。

下面我要说的话可能会让诸位吃惊，其实连日本人自己都不是真正的日本人，应当说现在的日本人才是真正的中国人，相当于唐代的中国人，那个时代的中国精神，在今天的日本保持着，但在中国却已经失传大部分了。中国的文明在唐代就如同是盛开的鲜花繁盛到了极点。后来到了元朝，因为蒙古人的侵入，大约有一半的中国人被蒙古同化了，他们接受了蒙古人那些粗野龌龊的东西。而在今天的中国，真正继承了中国文明的精华的就只是浙江和江苏这两个省区，之所以这样，主要是因为在蒙古军入侵时，宋朝皇帝和一帮贵族逃到了浙江的杭州一代，这就让纯粹的中国文明在这两个省份里得以保存下来。

简而言之，真正得到了中国文明的精华的仅仅只有现在的日本，而在现在的中国，汉唐时代那种真正的中国文明已经被元朝以及之后的游牧民族给蹂躏破坏了。

忽必烈派去攻打日本的舰队遭到了狂风的倾覆，这件事情也的确让人匪夷所思。而这样一来，真正的中国文明也就得以在那阳光明灿、山清水秀的日本保留下来了，因为神创造的这一奇迹，中国文明才能够被现在的世界得到，并且为现在全世界的人民所津津乐道。罗斯·迪金逊教授曾经说过："在当今的世界中，在我所到过的国家里，唯有日本保留了类似于希腊时代的文明。"

想要了解日本文化的现状以及它和中国现实文化的差异的话，只需先去看一下坐落于上海的日本人的花园"六三园"，然后再去北京车站旁边的旅馆参观一下就可以感知到。那将真的会有一种一下子从伯利克里的古希腊时代来到了欧洲日耳曼人入侵时代的中心区的感觉。

我的很多欧洲朋友为我对日本给了的那么多热切的赞美很是感到诧异。实际上，我之所以这么说自然是有充足理由的。日本的学者冈千仞在四十年前曾到中国旅行，随后他写下了一个游记。他在游记中记载了这么一件事，他在香港的一间房子中遇到了一位贫困的日本妇女，他问她为何来到这里。那个妇人回答说："我有一个弟弟，我来这里就是为了赚钱让他去上学读书的。"我在苏格兰大学读书时，看到过一些索福支里利斯以及希腊人所写的诗篇，那个时候，我时常用安提戈涅和伊芙琴尼亚去称赞希腊女子所具备的那种最崇高的品格。而如今在日本，我发现了和希腊历史上的安提戈涅和伊芙琴尼亚一样的女子。日俄战争时期，一位俄国的军官在攻打满洲与旅顺的时候曾对我说过："日本人的勇敢的确是到了让人难以置信的程度，有史以来，只有一个地方曾经发生过与之相类似的事情，那就是在两千多年前的希波战争时期，古希腊温泉关的山道上曾经发生过。"很多人说日本人缺少德义，或者说日本人仅仅是从字面上看法律而不能看到其实质，其实日本国民在德行上是十分卓越的，而在欧洲像拉夫卡迪罗·翰以及阿诺尔德那样高尚的人物就发现了日本人的这一特征。世界上的人们都感到奇怪，为何在亚洲各国中仅仅有日本成功地阻止了西方国家的入侵。美国的米斯·爱兰·拉·摩得女士在其《北京的垃圾》一书中这样写道："日本是东亚各国中唯一不曾被欧洲人踩在脚底下的民族。"至于为何会如此，主要是由于日本人是一个德行高尚的民族。那么日本人为什么能够成为一个高尚的民族呢？这是由于日本的政治家在欧洲人到来时，不仅保留了所继承下来的中国文明的外在表象，而且还保留了这种文明的本质精神。

为什么中国人在西方国家入侵的时候，连一点点招架之力都没有了呢？那是由于在所谓共和国的当代中国，中国文明里的"精忠报国"思想在中国知识分子那儿只剩下"忠"、"孝"那样没有什么实际意义、枯燥乏味的文字了。而在日本则不一样，日本受过教育的阶层（也就是所谓的"士"），真正地吸取并且保留了中国文明的精神以用来"尊王攘夷"。

正是由于这种精神的存在，从培理航海前来的时候开始，日本人民便团结得像一个人，手携刀枪，不单单是为了捍卫物质上的家园，更主要是为了保护从中国那里继承下来的文明的精神，同时也就是保护日本文明的理想。

接下来，我将要讲一讲本文要论及的中心问题。罗斯·迪金逊教授曾经说过，"日本的古代文明是如此的完整，而又如此的纯朴、如此的同质。现在，这个文明却已经是过去了。"而后他又强调，"为了避免由于列强使用强权逼迫其西化，也是为了维持自身的生存，日本决定将这古老的文明抛弃，自己主动地实行西化。"

日本现在的很多事物的变化，的确是如上述所说的那样西化了，在这一点上甚至北京也可以看到。但是如果从全方位的角度去思考的话，迪金逊教授的看法却是让人难以相信的。无论如何也无法让人相信，像日本人那样崇高的国民会将那些从祖先那儿继承下来的宝贵遗产（也就是那些从中国留传下来的真正的、纯洁的、已经流传了十多个世纪之久的中国文明的精神）自动地全部抛弃。

总而言之，我之所以要写这篇文章，目的就是希望现在的日本人记住这一点，那就是明治初年的日本武士之所以决定使用欧洲现代文明的利器，决非是为了让日本变得西化。与其说明治初年的武士们奋斗的目标是使用西方现代文明的利器，倒不如说是为了阻止住欧洲人侵入的脚步，以免日本遭受他们的践踏，以免日本遭受西化。

有人曾问过我，为什么我如此讨厌西方文明。在这里我要公开说明一下，我讨厌的并非是现代的西方文明，而是现代的西方人士滥用他们现代文明中的利器这一方面。欧美人在现代科学上的进步的确是值得让人称道的。但是在我看来，欧美人所使用的那种高度发达的科技成果的途径，完全是错误的，是不应当受到赞誉的。

例如对德国来说，如果用现代文明的标准去衡量的话，欧战之前的德国人可以算得上是世界上最文明的国民。德意志的国民将其文明利器发展完善到了别的民族无法企及的程度，然而正是由于他们滥用了现代文明的利器，特别是武器，结果就不仅给自己的国家并且也给整个世界造成了灾难。

所以，我之所以表现出对西方文明的厌恶，并不是厌恶其文明所表现出来的东西，而是讨厌全部欧洲人而非单单是德国人滥用了现代文明的利器这一方面。

在我看来，欧洲并没有在发现与理解真正的文明以及文明的基础和意义上花费了多少工夫，而是倾尽全力去致力于如何增加文明的利器。如同《圣经》里所记载的那个建造巴比伦塔的人一样。欧美人只是一个劲儿地将其文明不停地加高，而不管其基础是不是牢固。所以，虽然欧洲的现代文明的确是一个令人赞不绝口的庞大建筑物，可是它就如同巴比伦塔一样面临着将要崩溃倾覆的命运。

文明的真正含义或者说文明的基础属于一种精神的圣典。我所说过的"道德标准"就是指这个。如道德标准一类的东西，如果一国之民是紧密团结着的，那么他们所创造的文明就应当达到——制定并发展上面所说的圣典——即道德标准的程度。可是，不幸的是，欧洲还未能达到这样的道德标准。欧洲人现在所具备的精神的圣典（也就是所说的道德的标准）已经是陈旧腐烂不堪了，早已不再存有任何指导人们怎样去生活的意义了。

欧美人用法律去取代道德标准，并且试图以此去组成一个社会，然而用法律的纽带组成的社会需要警察的维持。正如卡莱尔所说的那样，现在的欧洲以及美洲需要的是用警察去对付那种纯粹的无政府状态。而理解了真正文明精髓的民众是不需要警察的，我曾听到一位驻日的英国公使说过这样的话："在古代的日本没有臭虫和律师。"

日本国民自从明治初年以后，为了获取现代欧洲文明的利器而倾注了巨大的热情。在我看来，如今的日本已经发展到了去学习怎样正确地使用文明利器的时代了。在前面我已经说过，要想可以正确地去使用文明的利器，就一定要有个高尚的道德标准，即民族精神。那么日本从哪里才可以获取到这种精神呢？在我看来，已经获取到了现代文明的利器的日本与其去欧美寻找这种精神还不如回归到中国去寻找。意思就是，为了恢复古代就已经从中国继承过来的道德标准，就一定要回归原来的中国去。我想说明的是，如今逐渐进步中的日本人，称赞并夸大欧洲人以及欧洲的所有事物，相反却又瞧不起中国人以及中国的所有事物并予以侮辱，特别是鄙视中国古代保留下来的所有事物。事实上，中国尤其是古代的中国，就像此文开头所说的那种虽然现在变成肮脏的了，但它却是滋养着日本的泥土，我衷心地希望那美丽的蔷薇花也就是日本不要忘记了让它能有如今一切成就的泥土。

进一步地说，我希望日本人留意到这么一件事，日本人常常将穿着肮脏破烂的中国人和住在豪华大厦里的西方人作比较，因此而去藐视中国人。但是我这里却有一个真实的、美好的故事。我要说到一个人，她曾经是日本的名门之后，遗憾的是，现在她已经作古了。有一次，一个中国的佣人不小心将东西弄脏了，她的日本朋友对那个佣人大声斥责的时候，她却称那个中国佣人"衣着虽然破烂，但内心却如锦绣一样的美好和善良"。她就是以这种眼光来看待中国人的。

在本文的最后，我要强调这样一点，日本能不能阻止自身的西化，日本能不能继续继承自古流传下来的道德标准和民族精神（也就是我之前反复说到的从中国继承过来的真正的中国文明和理想），不单关系到日本的未来，同样还关系到整个远东的未来。

如果日本无法继续保持这些最优秀的东西，不单表象西化甚至连灵魂都一样西化了，那么到那时，日本就像弗劳德的故事中所说的一样，如同蔷薇花离开泥土，被放入到花束当中，荣耀不了多大会儿就会面临枯萎。

如果日本仅仅是为了保持本国以及从中国继承过来的民族精神而去利用西方现代文明的利器的话，那么非但不会让日本西化，同时还可以防止中国的西化，并且最终凭借着日本的努力将明治之前日本保存着的纯粹的中国古代文明重新带回到如今的中国。这也是历史赋予日本的伟大使命。

最后我要告诫一下如今的日本，使用现代西方文明的利器绝对不能是唯一目的。我已经多次说过，这样与其说是要让日本西方化，还不如说日本的目的刚好与此相反，是为了让日本的国民免受欧洲人的践踏。不单单是为了保护真正的日本精神即大和之魂，也是为了让东方精神得以永存。从元代以后，由于中国文明的精神在其本土——中国已经不复完全存在了。而为了让这个文明受到保护，日本必须要将复兴真正的中国文明当成自己的天职。

意思也就是说，日本的神圣使命就是给所有东方人民带来真正的中国文明的复兴。

关于政治经济学的真谛

会长阁下以及在座的诸位,在我的演讲开始之前,我想对各位并通过各位向日本的朋友们,表达我的一腔感激之情。自我到日本以后,各界人士对我表示热烈的欢迎,我对此深表谢意。我今晚站在诸位面前,在表达满腔感谢之情的同时,还想对大家谈一下我此时此刻涌上心头的感想。为了能让诸位理解我的这些感想,还请准许我先讲一个来自中国古代的美丽动人的故事。

时间是在很久很久以前,地点是在湖北省的孝感地区,那里住着一个叫董永的读书人。这个读书人十分贫穷但对父亲又非常孝敬。但是在他父亲去世的时候,他却没有安葬父亲。为了筹借父亲丧事所需的开销,他到一户有钱人家,抵押自己一生去当对方的仆人,以此为代价借到了所需的钱。在他安葬完父亲以后回家的路上,没想到遇到了一位年轻貌美的女子,这个女子请求董永纳她为妻。后来她真的也成了董永的妻子。这个女子每天辛勤地纺织,并将织出的东西拿出去卖钱,最后终于全部还清了丈夫从财主那里所借的钱。

这个女子照顾着董永的日常生活起居,包揽了家中一切大小事务,以便让董永没有任何后顾之忧,可以全心全意地读书学习,从而去实现科举中第的目标。如此一来,这个书生的学业便得以继续,并在进京赶考中幸运地取得了头名的绝佳成绩。在中国头名的好成绩会被授予状元的称誉。由于取得了状元这一优异称誉，根据那个时代的习俗，他享有率领着气势庞大的祝贺队伍在京城的大街上纵马游行的特权。在祝贺状元高中游行队穿街游行的时候，董永惊讶地看到七个美丽的仙女翩翩然从天而降。这七个从天上降临到凡间的仙女，原本是天上的星星也就是银河系中的织女星。这时候她们是化作下界的凡人前来的。在这七个人中，董永发现了其中一个就是自己的妻子。此刻来告诉他，自己原本是天上的仙子，只因为了帮助他完成学业，所以尊奉上天的派遣下凡去伺奉他，现在他已经科举高中，自己的使命也就全部完成了，所以她马上就要和董永告别然后重返天宫去了。一个曾经一贫如洗的书生，在自己终于成功的大好日子里，却要面临和这样一位妻自告别的现实，那个时候他是怎样的一种心情呢？

　　说到我自己，我也曾经和这个故事里的董永一样，只是一个贫穷的书生，也就是在三十五年前，我同样遇到了一位来自大阪的仙女。那个时候我只是一个薪水微薄的小职员，正在为了解中国文学和文化而进行拼命的学习。因此也就十分需要有一个人来照顾我的生活并帮助我处理日常的家务。这位来自大阪的仙女就像那位中国古代传说里的织女一样，在整整十八年这么一段长长的时间里，为我解除了后顾之忧。而她却在照顾我这项工作完成以后就去世了。她在临死前还把我托付给了一位和她关系最亲密的中国姑娘，在那位姑娘成了下一届我的妻子之后她才走了。当时她对我说："我并不害怕死亡，可是，我死了以后谁来照顾你呢？"而三十五年前的我非常贫困，仅仅是一个不为人知的穷书生罢了。

　　然而，现在我来到日本，突然间成为了很多人所知的著名人物。

在这一时刻，我有着和中国古代传说中的董永科举高中时一样的感受。今天，就在这个成功的今天，当我这样站在诸位面前进行演讲的时候，我对我已经故去的妻子，对十八年来给予我最大帮助的吉田贞子这位来自大阪的仙女，怀的是一种怎样的感受，可以请各位去想象一下。虽然我既非像来自印度的泰戈尔那样伟大的诗人，也并非是哲学家。但我想请求各位准许我将这首五言绝句念给大家听一听，这是我妻子去世的时候我在武昌所写的：

此恨人人有，百年能有几，

痛哉长江水，同渡不同归。

我这首诗的意思是说，和钟爱的人的别离之苦是一切人都会有的；可是又有几人可以得到夫妻一同共度百年的幸福呢？让人悲痛的是，只要一看到扬子江的江水，我的胸中就开始阵阵作痛。我们是一同渡江而来的，而现在爱人你却已经不在了。

闲话就先说到这里，我下面就进入今天晚上演讲的主题。也就是关于真正的政治经济学和如今在欧洲及美国正在被教授的政治经济学，我想和诸位谈一下通过对这两者进行对比而发现的差异之处。在我们东方人看来，所谓的政治经济学正是一门道德学问。但在欧美国家里，那种被用于教授诸生的所谓政治经济学，则是一种机械性的学问。所以在我将我的观点展开之前，我想先和诸位谈一下源于希腊语的经济（economy）一词的来历。

追究起来这个词是从 oeconomya 一词变化而来的。"oeco"的意思指的是"家"。而"nomya"的意思指的则是"法"或者"道"。所以 economy 这个词汇就含有"家法"的意思。也就是怎样处理好我们的家务，包括怎样处理好家庭的经济，也就是 economy。

如此一来，在我们拥有的东方文明里，家以及家族，它们是被看做国家的基础的。所以，在处理政治经济方面的事务的时候，我们东方人是不会将"家"和"家族"忽略掉的。此外，我想顺便借这个机会谈一谈这个希腊语的辞源。

在希腊语里，politic 一词里的 poli 意思是"城镇"。所以，在希腊文明时期的最早时代，国家（state）是从城镇开始兴起的。由此可知，法兰西里的词汇城市（city），说的就是其国民的社会性生活，同时也就意味着经济的生活。法兰西的著作家西蒙（Simon）写了本描写中国人社会性生活的书，书名就是《中国的城镇》，意思就是说，这本书所讲的就是中国人的社会性生活。

我想各位很快也就知道了，政治经济学里所讲的那些先从家族开始，然后兴起城镇，随着城镇的逐渐增大而最终成为了国家。对此，我们在后面还要说明，此处我希望大家记住的是，政治经济学所讲的事情都是以家庭作为基点而开始的。

如今，不管是在中国还是在日本，情况都是这样的，在翻译 political economy 时都将其译作了经济。但中文里"经济"一词原本意义指的是"经国"也就是经营国家的治国之道以及政治手腕。因此我想让诸位记住的是，political economy 所讲的并非是经济上的经国也就是处理国家的财政事宜，因此也无法称之为经济。真正的经济强调的并不仅仅是让一个国家如何变得富足有钱。但是现在，所谓的经济却已经变成是以让某位国民变成富翁作为其主要内容的了。这是什么原因呢？这是因为，人们认为只要国家有钱，一切事情也就都容易办成了，却忘记了国家这一组织除了钱财之外还有各种各样的其他需要。因此我想万分恳切地对各位提出的忠告是，所谓经济并不仅仅是限于理财，它还含有更多的其他意义，也就是说它必须也要处理好和道德有关的事情。也就是基于此种意义，我将中国的政治经济学视作一种为道德的学问。

在我动身来日本之前,我接到了大东亚文化协会对我发出的邀请信,希望我可以就教育及文化教养的内容来进行讲演。在我收到这封邀请信之前,我还接到一个朝鲜总督斋藤男爵请我作为其宾客前往朝鲜的邀请。承蒙斋藤男爵的厚爱,我应邀去了趟朝鲜,在那里看到了日本政府对朝鲜以及为了朝鲜人民的利益而做的各种事业。我还专门参观了为提高朝鲜人的教育而兴办的公共设施、学校等。但是,就在我参观这些专门为朝鲜人建造的学校等设施的时候,我的脑海里突然浮现出孔子的教诲和孔子那独有的话语。有一次,孔子和他的弟子们一起经过一个人口非常繁多的城镇。这时候,一个弟子向孔子询问道:夫子,走出这个大城镇以后,您最先想做的事情是什么呢?在这里,我想也请大家一同思考一下,孔子当时是怎样对这个问题做出回答的。或者你们中有些人会认为孔子这么说:首先必须要去兴办教育,而在教养方面则应该通过讲演上提高。但是孔子全然没有提及这一类事情,孔子的回答是,首先应当让这些人民都富起来。听到孔子如此的回答,那个弟子又问道,等到这些人们都富裕起来以后,应当再去做什么呢?这时孔子便说道,在达到这个目标之后就应当去办教育了。由此来看,孔子的思想是这样的:在为人民实施教育、提高教育之前,必须先给他们提供足够的食物和足够的衣服。中国古代有这样一句格言"仓廪实而知礼节"。意思就是说,在人民具备教养和文化之前,应当先给他们提供充足的衣食。对这一点,恐怕已经无需我再多做说明,在座的诸位对此都应当是深有体会的。

然而在今天,有一种非常高的呼声,那就是很多人认为,应当先给民众施以教育,尤其是要给穷人施以教育。在现在社会上,兴办教育确实是一件十分重要的事物，这自然是的。我自身虽然人微力薄，但也是在一直支持大东亚文化协会，致力于推进教育事业发展的。因此我绝不是在反对教育，也绝不是在反对教养事业。可是，关于教育和教养之事，我想专门对诸位提出的忠告是，仅仅依靠量的增加是行不通的。如果教育的质没有提高的话，是不能算已经真正实现教育的目的的。换句话说，即使培养出了很多识文断字之人，如果他们在精神情操上存在不足和缺陷的话，一旦这样的人多了，不要说有益可能倒会是有害的。和量的多少比起来，质的高低显然更加重要。关键的是，在精而不在多，在质而不在量 Quality not Quantity，与其花上三文钱买来一大堆没有用的东西，还不如精心挑选一个确实有用的东西，意思都是一样的。因为我们所需要的是那些真正受到良好教育的人。与其制造出大量一知半解的不成型人才，还不如培养少数几个人，让他们真正地接受良好的教育。事实上我一直在想，在我们的现实生活里，明明是一知半解却又假装高深博学的人是否已经太多了呢？也就是说，数量上的确是不少了，但那些质量低劣者也的确大有人在。对日本的教育事业，我基本上是一无所知的，所以我没有资格对其进行评论，还请各位原谅。但是，就我们中国来说，情况就是大大不同的了。这最近的两三年中，那些自称是大学的机构，如西式菜和咖啡一样全都一窝蜂似的冒了出来，酒吧和西餐馆随处都是。但是，在这一类的大学中，教育是如何展开的呢？从这一类大学里毕业的学生，也就是在这一类大学中接受教育的学生们，不少人都是一知半解而并未真正成型，那些煞有介事的糊涂虫、低能儿的确大有人在。

　　我曾经在北京的一所公立的大学中为学生讲授拉丁语。但是，就在我逐渐将我的教学内容展开的时候，我才终于发现学生们当中几乎没有学拉丁语的气氛与热情,意思也就是他们全都是志不在此。如果问他们为何来学习拉丁语,恐怕回答大都是为了向别人夸耀自己懂得拉丁语罢了。也就是说,他们只是为了让自己的虚荣心获得满足才到大学来接受教育的,为了对别人显摆说"我有大学毕业证、我是学士、我是博士"才前来接受教育。尤其是那些在美国留学的中国学生,更是大部分都属于这类货色。因此我认为,不仅在中国这样,在世界别的地方也一样,教育是不是稍微多了泛滥了一些呢?我认为为了将那种所谓的初等教育普及,已经白白浪费了太多的钱财。一般的观点是,只要做到了能读会写,教育的目的也就算是实现了。但我却认为,仅仅这样还远远不能说是教育完成了。英国人曾经认为,所谓的教育也是由如下的三个 R 构成的:Reading、Writing、Arithmetic,也就是读、写、算术,有了这三者的话,教育也算是完成了。然而,另外一位著名的英国女作家,在这一个 R 上又增加上了一个 R,那就是 Rascal,意思是无赖。她的意思是说,一旦接受了不良的教育以后,人们反而会变坏。

这样一来,所谓的教育到底是什么样的一件事,而那种真正的教育又有怎样的内容呢?在孔夫子的著作中,他的一个弟子子夏对此给出了一个定义,我在这里想和各位谈一下他下的这个定义。子夏说:"贤贤易色,事父母能竭其力,事君能致其身,与朋友交言而有信,虽曰未学,吾必谓之学矣。""以贤事贤"的意思是,要充分看到人的性格中美好、高尚的东西,而不要去顾及他的衣着是否漂亮,肤色怎样等等这类无关轻重的事情,以贤事贤说的也就是教育。在侍奉父母的时候可以竭尽孝道并且不遗余力,在侍奉君王的时候可以竭尽忠诚乃至献出自己的生命,在和朋友相交的时候可以严守自己的承诺而不失信于人,如果一个人做到了这些的话,哪怕他大字不识一个，从来没有进过学堂，他依然也是像孔夫子的弟子子夏所称道的那种有教养的人。具备这种人格的人也就是真正受过教育的人。我一直在反复地强调，不管是中国还是日本，道理都是一样的。必须要重视教育的质量，教育仅仅有量是行不通的。我将再重申一次，仅仅做到了能读会写，那算不上是教育。正如那位英国的女作家所说的一样，仅仅知道读写的话，博闻多识了反倒会催生出无赖。与其这样的话，倒不如让那些没有人格的人不去接受教育的好。说到这儿，话题似乎是扯得有些远了，接下来我们还是归入正题吧。

我前面已经说过，在现在的欧洲及美国正在教授的那种政治经济学是错误的，也许其中也有一半是有道理的，但它却是一门性质错误的学问。要想证明我这个观点，是可以举出很多的实例来的。大家都知道，在欧洲，有这样的经济学、那样的经济学，存在各种五花八门的学说，但虽然有这么多种类的经济学说，今天的欧洲各国不依然是处在一种近乎破产的状态中吗？任何人也无法否定这个事实。我时常从外国人，尤其是从神户编年史里看到，他们总是标榜西方文明要优于东方文明，然而即使是神户编年史也不得不承认欧洲当前正处在一种破产状态中这一事实。因此，从事实上来看，西方政治经济学所讲的仅仅是借钱，不管哪个国家都是在毫无例外地借钱。但是就中国的情况来说，在西方人未曾光顾之前，大家对国债为何物都是毫无所知的。我们中国人不仅不知道国债是怎么回事，而且在西方人到来之前，我们就已经有了国民储蓄。在外国人光顾中国之前，中国各地不管是哪个城镇，都有用来预防荒年凶灾的储蓄库存。仓库中储备了大量的钱物以预防饥荒灾难降临时的需求。在大清国的乾隆年间，那时候的中国十分富足，白银多得连存放的场所都不够了。于是，乾隆皇帝便下达了一道敕令，表示因为金银已经大置堆积，所以百姓一年内都不需要再纳税。我们中国人所拥有的政治经济学就是这样。我之所以认为西方的政治经济学是错误的，理由也正在于此。意思就是，在西方的学说里，关于人生的想法和看法是不对的，这就是西方政治经济学之所以会错误的缘由。

按照西方人的观点，人类都是十分贪婪的，这个也想要那个也想要，他们将人视作和动物同质。但实际上，人的一生里，最重要的本性就是情爱。但在西方人的头脑里，我所说的这种情义的东西遭到了否定。即使是有人对此予以肯定，那也是将其当做一个并不太重要和宝贵的东西去肯定的。正是由于这个原因，西方的政治经济学成了一种性质错误的学问。因此，我在讲演的一开始就已经指出，economy也就是所谓经济，它所讲的仅仅是家族的经济。但是，如果离开情爱的存在，家族自身是无法做到团结一致并且共同生活的。一旦没有了情爱，一个家族就会面临分裂。但是，从西方经济学上看，人和人之间却只是处于某种利益的关系才结合在一起的。如果一旦谈到利就和情爱全无关系的话，那是不是可以理解成人只有依靠利才可以聚集在一起呢？曾经有一次，一个美国人对我说道，你们中国人是很难依靠商业原则生存的。也就是说，商业就是商业，情义或者爱情这类东西是无法进入账单的，因此说中国人不懂得商业的要义。

那么，让我们去看一下实际情况。如果你们的夫人们根据商业原则来对待你们，那么情况将怎样呢？在我们中国人看来，人和人之间存在着五种关系也就是所谓的五伦。所谓的五伦关系并不是中国人按照所谓的商业原则制造出来的。天伦是说人们认为天是最为神圣的东西。外国人将人和人之间的关系看得较为神圣的只有一种，那就是夫妇关系。他们认为只有夫妇关系才是神圣的，除此之外别的关系全无神圣可言。那么诸位请看，在今天的中国，在实施了共和制之后，根据商业原则去行事的后果就是出现了当前的这种局面。我们对清朝皇帝竭尽忠诚并不是为了利，而是因为义而去对皇帝致以尊敬的。然而遗憾的是，我国的那些受教育者彻底忘掉了这一点。认为人和人之间的关系同样也是以利作为准则的西方政治经济学，而我之所以称它是错误的，原因也在于此。

正如上面所说过的，所谓经济也即是家庭的处置，它所讲的只是怎样去处理家庭的事务，我认为，所谓的political economy者，不仅仅只是政治家所需要掌握的东西，也是我们那些太太们、老婆们所需要掌握的。故此，如果我们要想在国家中实施自己的政治经济学，皆先必须要在自己家中去实施它。对于日本及中国的妇女们是怎样对待政治经济学这点上，我略略知道一二，她们比那些美国的大学教授们更深谙其中的奥秘。我下面就讲一下我的根据。辛亥革命以后，我陷入了十分困窘的境地。整整十二年，我的收入没有超出每月二百美元的水平。但是我现在的中国妻子，正是因为她懂得political economy，才能够以二百元的收入让一个九口之家的大家庭得以维持生活。那么，我的妻子是怎样用这份微薄的收入维持了我们那个大家庭的生活呢？这是因为，我的妻子她有着对我的情爱、有着对我们家庭的情爱，也正是因为这样，我们这个贫困的家庭才得以维持下去。

我们再来看一下当前西方的状况，虽然西方有十分了不起的经济学家，可是他们却连我妻子那样的操劳也不想去做，于是今天的欧洲便处在了破产状态。这是什么缘故呢？这是因为人们只顾及了自己的利益而对别人没有任何情义,意思也就是,大学的教授们告诉资本家说,要先将自己的利益推进,而这正是那些政治经济学教育出来的结果。然而,资本家只顾去考虑自己的利益,那么对工人而言他们也去仅仅考虑自己的利益该怎么办呢?于是,其结果便出现了孟子曾经说过的那种情况,上上下下互争一己私利。换句话说,没有情爱与义理的政治经济学所造成的后果就是如今的这种状态:同盟、罢工、骚动,上上下下互相争夺一己之私利。

接着,我想和诸位谈谈西方的政治经济学和我们所拥有的政治经济学之间所存在的一个根本性差异,也就是谈一谈最重要的不同之处。

西方的政治经济学教导人们说,关键是怎样去创造财富,如何才能将钱赚到手。"How to make (get) money"就是西方政治经济学的最终目的所在。而真正的东方政治经济学则教导人们说,他们应当怎样去花钱,也就是"How to spend money",这正是东西方之间的最大差别。有些人认为,一个人一旦成了大富翁便是一件非常坏的事情。我想请问诸位,做一个富翁真的就是一件非常坏的事情吗?在我看来,这绝对不是一件坏事。"周有大赉,善人是富"……是的,成为富翁绝对不是一件坏事情,但是这里必须要有一个前提条件。孔子在其书里曾写过这么一件事。大意是说,周朝曾做过一件好事,这件事给周王朝的时代带来了一种品格高尚的人将能成为富翁的现象,也就是说在周朝好人将会变成有钱人。在中国古代的历史人物里,曾经出现过一位人品高尚、性格高贵的人,这个人就是郭子仪。他是一位将军,曾经平息了一次十分严重的叛乱,拯救了帝王的江山。在他老了以后,他成了一个十分有钱的富翁,乃至到了妻妾成群、左拥右抱的地步。稍稍考虑一下,会有人这么认为,这样一个养着许多妻妾的人，人品必定不好，可事实却并不是这样，至今我依然将他当做人格高尚者给予尊敬。人们变成了富翁绝对不是一件坏事情，问题只是应当怎样将这些钱使用支配，如果不明白这一点，那才可能会让拥有财富变成了一种罪恶。明晓怎样合理地使用其钱财的人成为了富翁便绝对不是一件坏事情，也意味着，他不会用自己的钱去做什么卑俗罪恶的事情，而是将其用于高尚的事情。如果可以明晓这些，有钱就绝非一件坏事。那么，怎样使用钱才是最佳的呢？在谈这一点之前，我想先来举个例子予以说明。

在那场不管是对中国还是对日本而言，在一种意义上都属于不幸的"日清战争"结束以后不久，有日本人来到了汉口，在汉口开了一家日式料理店。我和我妻子对我们的一位好朋友建议，咱们去品尝一下日本的美味佳肴吧，于是我们便一起前往那家日式餐馆进餐。结账的时候金额大约是二十美元。但我妻子却额外给了十二美元作为茶钱。我问她为何要放这么多茶钱的时候，她说这是按照日本人的习惯。在这种场合里，外国人基本上是只给五分钱或一角钱，我们平时一定要勤俭持家，但是对那些贫穷的人则一定要付出这么多。接下来我再讲一个发生在北京的事情。曾经有一次，我和一位美国的旅行家一起去紫禁城参观。当时我们带了盒饭、香槟以及饭店里各种各样的极为美味的东西。当我们去一家店里买柠檬汁和苏打水时，那家店里的店主却向我们狮子大开口，谎称一瓶柠檬汁就要二角钱或三角钱。美国的那位旅行家听了以后直叫太贵了太贵了。因为我当时带了零钱，于是就按照他说的价格照付了，可是那家店主人还嫌不够，让我们再付给他五分钱。我对他说那绝对不行，只能再付给他三分，最后，我将手里的钱向他扔去，理直气壮地让他自己去捡。奈尔逊曾经说过，我们在生活中对自己应当十分俭朴，但在帮助别人的时候则应该很大方。比如，我在去帝国饭店或者东京的时候，都会给车夫很多的小费。说到此，我想在我进一步深入地探讨下去的时候，或许我终于要会说出那些让在座的各位日本友人们情绪变得糟糕的事情来。我来到日本以后，迄今为止收到的评价都是很好的，所到之处也是备受欢迎和尊敬；但从此之后，由于下面我将要说出的这些事情，可能我会变得十分不受欢迎，并且被大家评价极低。

说到如今的日本，依据我观察到的情况，我想谈谈下面这两三件一直让我觉得不尽如人意的事。事实上，当我在东京对日本的不少事情大加赞扬的时候，一家外国报纸就指责我是在阿谀奉承日本。但是，我既不想对在座诸位大加谄媚，也不想反过来说一些坏话，我只是想对那些我认为日本做得不对的地方提出一些批评。在我下面的这些讲话里，如果有太过直率或者无礼之处，还希望诸位不要气恼，因为我之所以将这些心里话说出是为了日本好。

在我说日本的事情前，想谈一些我年轻时候学到过的古老的希腊历史故事。按照希腊史书的记载，在雅典民主主义的民众政治即将灭亡前，只有两件事情是希腊社会所关心和注重的，并且大家只对这两件事情有兴趣。如果你们要问到底是哪两件事的话，我给出的回答是：好的演员和味美的佳肴。那个时候在雅典的社会人们谈论的单单只是哪个演员出色，哪里的饭菜味美这一类的话题。这是因为人们只对这一类事情有兴趣，于是不知不觉间，他们的文明便逐渐衰落了，而希腊这个国家本身也濒临覆灭了。

两年前北京有一位名为梅兰芳的演员，他长得十分好看，是一个有着女人一般美丽容颜的男子，但他绝对不是一个一流的卓绝的演员。中国过去的戏剧中讲的主要是四件事情，也就是忠孝节义。

忠就是忠君,孝就是孝敬父母,节就是女子守节,义就是朋友之间讲究义气。在我还是一个小孩子的时候,我是在剧场学到了许许多多这方面的东西。但是,梅兰芳从未将这些事情放在心上,他虽然演过很多悲剧性的十分有意思的美丽戏剧,但是那些戏剧都无法真正触动人们的心弦。不曾想的是,不少只看表面的外国人对他非常喜欢并且评价十分之高,因而他也就成了一个知名度很高的人物。并且还有一位日本富翁,为日本上流社会的人可以看他演的戏,便将他请到了日本。但是,如果仔细思考一下,我总感觉这件事对日本来说,是不是一个不祥的兆头呢?正如上面我刚刚讲过的那样,在希腊的雅典就曾上演过演员被尊为上宾而导致国家灭亡的闹剧。这一次我来到日本,留意到梅兰芳到日本来收到很多的礼金,我还听说他为了给某个富翁祝寿而亲自去演出的事情。其实就在我离开东京到其他地方去的前两天,我也收到了上面说的那位富翁邀请我参加招待会的信函。但是我十分反感这种做法,拒绝了这个邀请。我之所以予以拒绝,是因为在我看来,这个富翁这么做的目的只是用他的财富去向世人炫耀,对他的这种恶劣和庸俗实在是不能赞同。大家都知道,东京在去年九月遭遇了严重的地震,损失十分惨重。很多无家可归的人只能住在临时搭成的木板房里过着凄惶的日子。所以我想,一个正常的日本人是不应当利用如此庸俗的方式来炫耀自己的财富的,而是应当将那些钱财分给那些可怜的人们。但是,不知道此翁是怎么想的,为炫耀自己的财富却将北京二流的演员给请了过来。毫无疑问,如果让这个富翁自己说,他之所以聘请梅兰芳前来的唯一理由只是为了促进日华亲善。但是,事实上这是没有任何价值的,满足于一家的饱暖而任由千家怨恨,起码这位富翁是不能成为诸位效法的榜样的。由于他已上了年纪,过不了多久就将赶赴极乐净土了，我希望能有像他一样富有同时心灵又十分高尚的人将其取代。也就是说，我希望在座的年轻人里面，可以出现大量真正懂得怎样安排使用自己财富的富翁。

对于这件事，我现在想要说的一点是，当这个富翁的爷爷对自己的财富大肆夸耀时，政府还派出了很多警察前去保护他。也许诸位非常清楚，对于军国主义以及尚武主义，不少人是持批判态度的，但是我认为，就军国主义本身来说应当行两种类型，那就是真实的军国主义与虚假的军国主义。所谓真实的军国主义指的就是保护好人以免他们遭受坏人的迫害，并且同时也保护文明。而所谓的虚假的军国主义，它保护的只是有钱人。德国的军国主义之所以遭到失败，是因为它是一种只保护资本主义的虚假军国主义。那就如同警察是为了保护富人而设立的一样。其实警察的任务是，不管是穷人还是富人都必须一样地提供保护。我认为，这二者之间非但不应当有一点差别，而较之富翁们来说，警察更应当去保护众多的穷人们。故此，我想来想去，总感觉政府派出很多警察去保护有钱人的那种做法是不对的。上面所说是我亲身感受到的不好的事情。我下面将再讲两件好的事情。

一件事情是这样的，按照报纸的报道说，在上面说到的那个富翁老头的庆寿宴上，陆军与海军的高级军官们一个也不曾出现。我认为这多多少少可以作为军国主义依然还处于健全状态的证据。其实在我所有的日本友人里，我认为我最好的那些朋友全是军人。其中的一个就是现在已经故去了的宇都宫的大将。我和他认识的时候，他还只是个少校，那时候他带兵驻扎在汉口。另外一位好友则是岛村海军大将。

我在东京的时候，当地帝国大学的总长以及别的教授们曾给我举办了一次晚餐会。在那时我曾毫无忌惮地谈了自己对上面说到的那位富翁的做法的看法，教授们和我持的观点也都相同。这就可以说明，在日本仍然还有很多好人存在，他们清楚地知道哪些东西是庸俗邪恶的，那些行善的人还是很多的，我对此感到很是高兴。现在我们再回到演讲正题上来，真正的政治经济学并不是单单庸俗地对世人夸耀显摆自己的财富。对于这一点，我想再讲一件清朝已经故去了的西太后的逸事。

在那场不幸的日清战争时期，北京的官吏们为了庆贺西太后将要到来的生日，一个个全都在准备一场盛大的贺寿宴。但是，当西太后听说众人正在为她的寿辰准备庆祝时，立刻贴出了一张措词十分严厉的通告，下令马上停止那些准备工作。在那种通告里，西太后表达了这样的意思，现在我朝的将士们正在为保卫祖国而浴血奋战，在这种时刻我又如何能有心思去庆贺自己的生日呢？请大家马上停止为祝寿而做的准备工作。我们认为，这件事情成了一个人们在为其生日庆贺时应当采取那种做法的典范。

正如我之前多次说过的那样，真正的政治经济学中必须要有情爱、情义之类的东西存在。对于这一点，我想再一次讲述一下我妻子在她过世的三天前，对我所讲的一些事。

当我妻子还活着的时候，她劝说我为穷人的孩子们专门开办了一所学校。到这所学校来上学的孩子们没有衣服可穿的话，我的妻子就亲自动手做衣服分给他们穿。大家都知道，过去曾有一位名为kurakai 的英雄，曾经有一位贵妇人向他的母亲问道，你的宝贝是什么呢，他母亲便回答说，我的宝贝就是这些孩子们。我顺便说一下，如这种情况一样，我的妻子也时常将这些可怜的穷人的孩子称为她的花朵。虽然我的妻子不买花一类的物品，但是她一直在用自己的钱去给孩子们购置衣物。这就是我的妻子所拥有的真正的政治经济学。恰恰是在她临终的三天前,她将孩子们都叫到自己的病榻前,指着他们对我说:我死了以后请你记住这些孩子们,不要忘了他们。那个时候正好是我的俸金与地位都大幅度提升的时期。那时我的妻子对我说道:如果你成了富翁,请你一定想着这些孩子们的事,如果你成了高级的官吏,那么你一定要为你的皇帝竭尽忠诚。

(于大阪每日新闻社楼上)

东西文明异同论

在开始今天晚上的演讲之前,我先要请在座的各位多多原谅,恐怕今晚我的演讲会不太好。什么缘故呢?这是因为我今晚的讲演没有像前三次在大东亚文化协会所做的演讲那样,事先做好了充足的准备。

我应大东亚文化协会的邀请前来日本的时候,仅仅准备了三个演讲题目。所以,关于今天晚上的讲演,一直到两三天前,我还没能想好要讲什么内容。好不容易才想到这个题目"东西异同论",不幸的是已没有足够的时间去准备了。故此,我下面所做的演讲中可能会有些零乱不成系统,如果是这样的话,希望在座的各位不要对我加以苛责。

著名的英国诗人吉卜林(Kipling)曾经说过:"东就是东,西就是西,二者永远不会有融合的时候。"在某种意义上看,这句的确有其合理之处。东西方之间的确存在着不少差异。但是我一直坚信,东西方间的差异必定会最终消失并走向融合,而且这个时刻马上就要来临。虽然双方在细微的地方的确存有很多不同,但是在大的方面、大的目标上,双方是一定会走到一起的。

所以,一切有教养的人,都应当为此而去努力、去做贡献,而且这也是这些有教养的人的一种义务。

不久之前,我的一个德国朋友在广东定居,他十分关心东方文明,在他去世的时候,我给他写了如下的墓志铭:"你最大的心愿,就是去实现东西方优良方面的结合,从而消除东西畛域。"

由于我时常批评西方文明,因此有人说我是一个攘夷论者,实际上,我既非一个攘夷论者,也非那种排外的思想家。我只是希望东西方的优点可以结合在一块,从而让东西界限消除,并且将其作为我今后最大的奋斗目标。故此,今天晚上我将给诸位讲一下东西文化间的一些差异。

东西文明存在差异是理所应当的。从根源上讲,东方文明就如同一所已经建好了的房屋一样,基础稳固,是一种已经成熟的文明;而西方文明则还是一个正在建造中的尚未成形的房屋,它是一种基础还不稳固的文明。

通常来说,欧洲文明的根源是罗马文明,而罗马文明的根源又如各位所知道的那样是古希腊文明。在罗马帝国灭亡以后,欧洲人民便创造了一种新的文明即巴洛克文明,也就是所谓的欧洲中世纪的文明。那个时候的欧洲虽然还是处于野蛮时期,可是随着基督教的兴起,野蛮人也逐渐有了进步,开始着手去创造文明,大家都知道,紧接着到来的是文艺复兴时代,在中国刚好和其相对应的是六朝的文艺复兴时代。我们都知道,此时的中国现状正是五胡乱华,而罗马人的古典文明同样也是被五个蛮族集团给消灭的。从那以后,欧洲人就开始以基督教和《圣经》为基础,新的巴洛克文明也就被创造出来了。

但是,随着欧洲人在科学知识上的进步,过去的宗教文化就无法再与其相适应了,像中国在唐代兴起的文艺复兴一样,在欧洲兴起了意大利的文艺复兴,从而也就有了马丁·路德的宗教改革。欧洲为此经历了四十多年的战争,最终成功地完成了改革,而后法国大革命开始到来,它的主要目的是去改变政治结构,但社会本身却不曾因此而有什么变化。所以,在经历了上一次的欧洲大战以后,欧洲人要面临的问题就是改造社会,因此社会主义——过激主义到处兴起,过激主义的目的是将旧的东西完全破坏掉而将新的东西制造出来。而这种"破坏性"的主义正是欧洲社会里必然产生的结果。因此,欧洲文明实际上就如同一所正在改造、构筑、建设当中的房屋。

而我们东方的文明,则不单是已经建好了屋子,而且屋子里已经住上了人。东西文明的差异也就由此而生了。欧洲人缺乏真正的文明,因为一个真正文明的标志是有一种正确的人生哲学,但是欧洲人却没有。中国将真正的人生哲学称作"道",道的内容就是教导人怎样才能去正当地生活,人如何才能过上属于人的生活。中国有一句话是"文以载道","文"也就是指"文学",在中国,可以说是将正确的人生法则教授给人们的东西就是文学,西方人在很长时间里为了寻找这种真正的人生道路,付出了巨大的努力,但是至今未能成功。但是中国人按照"四书五经"便可以做到明"道"。遗憾的是,欧洲却没有这些东西。欧洲有的只是基督教,基督教是在教导人们如何去做一个好人。而孔子学说则是教导人们如何去做一个好的国民,努力去做一个好人自然是件好事,但它却并不是什么难事。就像登山拜神就可成为一个好人一样,但是要想做好一个良好的国民,就必须要知道"五伦",而那却是一件十分困难的事情。

为了寻找到正确的人生之道,欧洲的学者们提出了很多主张,像斯宾塞、卢梭这些人,他们的主张从某个方面来看可以说是正确的,但当做一个整体来看的话,它却是不完善的,并非属于那种真理性的东西。如果各位认为它们全都正确并且予以吸取的话，那将是十分危险的。

在下面，我想分为五条去讲一下东西方的差别。第一，个人生活；第二，教育问题；第三，社会问题；第四，政治问题；第五，文明。上面的这五个问题，不管哪个问题范围都非常广，不是今天这一个晚上就可以论述完的，所以今天晚上我只拣最重要的说一下。

首先我们来论述一下个人生活。

对于个人而言，我们首先必须要考虑的是人们的生活目的。换句话说，就是人应当去做些什么？人是什么？英国的思想家弗劳德对此说道："我们欧洲人从未思考过人是什么？"意思就是说，作为一个人，是去做一个财主好呢？还是去做一个聪明的人好呢？对于这个问题，欧洲人没有一个成熟的看法，由此可知，说欧洲人没有正确的人生目标的，并不是我自己一个人，在这一点上，欧洲第一流的思想家所持的意见也和我相同。

与此相反，我们东方人则早已经完全领会了人生的目的，它便是"入则孝,出则悌"。意思就是，在家要做孝子，为国要做一个良民。这就是孔子给我们展示出来的人生观，也就是说，对于长者也就是真正的权威者必须要给予尊敬，并且服从他的指挥。中国人的人生观是"孝悌仁之本"，同样它也是整个东方人的人生观。

在人生观上，还有一个区别就是，欧洲人认为运动是人生的目的所在。而我们东方人则认为生活才是人生的目的所在，西方人是在为运动而生活，东方人则是在为生活而运动，他们西方人是为了赚钱而活着，我们东方人则是为了享受人生而去创造财富。对于我们来说，人生的目标并不是金钱本身，而只是为了幸福而去活动。孔子说过"仁者以财发身，不仁者以身发财"，意思就是说，好人是为了生活而去获取钱财，而坏人则是舍命去赚取钱财。西方人特别是美国人，为了能赚钱可以连命都不要，这就是东方人和西方人的差异之处。换句话说，西方人贪得无厌不知道满足，而东方人则是知足者常乐。为了东方人和西方人可以真正地走到一起，他们西方人必须将自己的做法改变，而去使用我们的办法。

下面接着谈一谈教育问题。

欧洲的教育目的是如何去做一个成功的人，如何去做一个可以适应社会的人。经常会有西方朋友对我说：我们是生活在二十世纪，而你们则因为还在接受着十九世纪的教育，以此也就无法获得成功。事实上，我们东方的教育，不仅可以让我们的子民适应现代社会的生活，而且还可以促使现代世界朝着更加美妙的方向发展。孔子说过：教育的目的在于被称为"大学"的基础之上。即"大学之道，在明明德"，也就是挖掘出人们原本固有的辨别道德的能力，这正是教育的目的所在。必须要成为一个受到社会崇拜的人，成为一个聪明睿智的人，意思就是说，教育的目的就在于明德，在于为创造一个更加美好的新社会而去培养人才。《大学》里的"作新民"的"民"指的不是人民，而是社会，高等教育的目的就是创造出更好的新社会，孔子的本意也正在于此。在座的各位也要共同努力，为创造出一个新的世界、新的社会而去奋斗，努力去做一个优秀的法学家，一个优秀的工程师，共同去创造一个美妙的社会。

下而我们再来谈一下东西方教育方法的差别。

在中国，初等教育和高等教育之间存在一个清楚的划分：初等教育阶段主要是教育孩子们如何去使他们的记忆力，而并非是教育他们去使用判断能力。首先要让他们精通祖先留下来的东西。在西方，从孩童时代就叫他们灌输深奥玄虚的哲学知识，而在中国，则是到了高等教育阶段才会对学生教授深奥的学问，这种方法我认为是极为难能可贵的，把那些像哲学一样艰深难懂的东西讲给孩子们听是不适宜的，特别是对女孩子而言，还是不教她们的好。

当我还在爱丁堡学习的时候，我们七八人曾组织了一个共同研究、共同进步的学习小组，互相学习着去写论文。有一次，其中的一个人说，这么好的论文是不是能够发表呢？另外一个人则反对说，这样的论文是不能出版的。于是我们就听从这个人的主张，一同约定四十岁之前不出任何东西，这是因为我们必须要对我们出版出来的东西有确定的把握才可以，而这在四十岁前是无法办到的。

孔子说过："四十而不惑。"对这个决定我是坚决地遵守的。我的第一部书出版的时候正值我四十一岁。虽然如今的日本连中学生都可以出版杂志，但我还是觉得予以禁止的好。

第三，谈一下东西方社会的差异。

东方的社会是建立在道德基础上的，而西方则不一样，他们的社会是建立在金钱上的。换句话说，在东方社会，人和人之间的关系是一种道德关系，而在西方社会则是一种金钱关系。在东方我们看重的是名分。

想象一下，在封建时代的社会里，当君主对家臣说"你必须要服从我"，而家臣反问"为什么"的时候的那种情形。那个时候君主会十分简单地回答他说："因为根据名分，我是你的主人。"如果家臣再问："是怎样的一种名分？"君主便会同样简洁地回答道："大义名分。"

但是在如今的日本，如果暴发户对工人说："你必须要服从我！"而工人反问"为什么"的时候，暴发户也将回答："是根据名分。"可是如果工人再次追问："根据怎样的名分？"暴发户将回答说："金钱名分。"（也就是由于金钱、财产等级所产生的人和人之间的关系）而不再是大义名分。在美国，名分就是以金钱为一切基础的。在东方，人和人之间的关系其实是一种神圣的道德关系，夫妻、父子和君臣都属于天伦关系。而在美国，人和人之间只是利益关系，建立在金钱基础上面。

而东方社会则是建立在"亲亲、尊尊"这两个基础上的，也就是社会亲情与英雄崇拜。因为我们热爱我们的父母双亲，所以我们对他们服从，而我们对比我们杰出优秀的人服从，则是因为他在人品、智慧等方面值得我们去尊敬。学者和车夫比起来，前者之所以比后者更值得让人尊敬，是因为学者所从事的是脑力劳动，较为艰苦，而车夫所从事的则是体力劳动，没有脑力劳动者所从事的劳动那么高深艰难。因此他所受的尊敬自然要比学者低得多。如果有这样一个社会，让车夫去坐车，而让学者去拉车，大家都尊敬车夫而又看不起学者，那样的话，社会还可以称之为社会吗？

如今的中国就有这么一种发展的趋势，或许我们当车夫会更为合算。如果金钱变成了社会的基础，那么社会就将面临堕落到此种状态的威胁。

《中庸》中说："仁者人也，亲亲为大。义者宜也，尊贤为大。"正如上面所说的那样，我们之所以服从父母是因为我们对父母十分热爱；我们之所以服从贤者，是因为我们对贤者非常尊敬，这就是东方社会的基础。在座的各位之所以前来听我做这个讲演，是因为各位具有尊贤之心，尽管实际上我并不具备这样的资格。

我下面将谈一下政治问题。

说到政治，我认为可以将其分作三个阶段。政治的构成是以让人民的安宁受到保护为目的，在其发展的初期，文化还不发达，人民也如同小孩子一样愚昧无知。那个时候为了维护社会的秩序与安宁，换句话说，就是针对少数做坏事的人应当采取什么样的措施。为此，统治者们说："你们不要去做坏事，如果你们做了坏事，就会受到神的惩罚。"这种政治方式在中国被称作"神道设教"。这就是发展初期的政治。

中世纪的欧洲是通过基督教去统治人民的。但随着文艺复兴运动的兴起，人民逐渐觉醒，对神灵不再相信了，相应的他们也就不再害怕神灵的惩罚了。所以，欧洲的统治阶级，特别是普鲁士国王便开始采取警察统治，凭借警察去让社会的安宁与秩序得到保护。意思就是说，文艺复兴以后的欧洲所实行的是一种强权政治。而最近发生的欧洲大战正是这种强权政治带来的后果。这种看法并不是我个人独有的，伟大的英国思想家卡莱尔就说过"欧洲社会是混乱加上警察"（也就是警察统治的无政府社会），他想要表达的意思就是，欧洲政治一旦放弃强权，马上就会乱成一团。

故此，如何将那种强权政治摆脱，就是欧洲战后所面临的最大问题。

可是，在我们东方，我们既没有那种对神的畏惧，也没有那种对警察的畏惧。那么我们畏惧的是什么呢？又是因为畏惧什么才让我们社会的秩序得以维持下去了呢？它就是良心！是廉耻感与道德观！正是因为畏惧这些，我们才不去做什么非礼之事。在中国，之所以会将借来的钱如数归还，并不是因为害怕律师，也不是害怕法院的追究责任，而是因为如果不归还借来的钱，对自己来说就是一种耻辱，还钱的原因就在于此而非因为别的缘故。我之所以臣服于中国的皇帝并不是因为害怕他，而是因为尊敬他。换句话说，我们所遵守的正是三纲五常，一旦具备了它，就不再需要警察了。当然中国也并不是满街都是圣人，人人都是君子，坏人还是存在的，因此警察也还是需要的。我的意思只是说，对于普通的纠纷，按照礼义廉耻就可以将其解决，因此警察也就不需要有那么多了。在这一方面，我们是值得欧洲人去好好学习的，而我们却没有向他们学习的必要。

最后一点，也就是第五点，我来讲一下东西方文明的差异问题。

关于这一点，我们首先要考虑考虑文明的含义。所谓文明指的就是美与聪慧。但是，欧洲文明的目的只是制作出更先进的机器，而东方文明的目的则是教育出更优秀的人，这就是东方文明和西方文明的差异。经常会有人这么说，欧洲文明是一种物质文明，实际上欧洲文明只是一种比物质文明还要差劲的机械文明。虽然罗马时代的文明是一种物质文明，但如今的欧洲文明则是一种纯粹的机械文明，而没有任何精神的元素。

举个例子来进行说明，例如写东西，西方人使用的是打字机，而那样的话我们一切表现美的手法，就无法再发挥出来。

再有一个例子就是，在西方，即便是招呼自己家的佣人用的都是电铃。而在东方，则只需这么做（也就是打一个手势）就可以马上叫来佣人，并且这样做的效果要好很多。如今日本也已经开始采用西方的机械文明了，要想从明天起就将它校正是十分困难的，但是应当认识到他们的这种文明是不对的，我们有必要一边采用他们的文明，同时又一边去加以修正。如果说现在无法将那种已经从他们那里学过来的机械文明排除出去的话，那么，就必须要做到不再去增加了。

最后，为了在东京给各位道别，我还要再说上这么几句。我在日本所做的演讲里对日本的大加赞扬，全是我的客观公正的评价，但有一些外国人却将这歪曲成是我对日本人的谄媚与讨好。事实上我压根没有讲过谄媚日本人的话，如果说我要想讨好谁，那也没有必要去讨好日本人，要讨好的话应当去讨好中国人，应该去拍袁世凯与曹锟之流的马屁，如果我真的那样做了的话，那我今天即便不是大总统也该是总理大臣了。故此说我是讨好日本人绝对就是在诬蔑我。我的确是赞扬了日本，也正是因为表示了赞扬，相应地也就希望各位可以去把日本建设得更加美好。我时常说日本人的确是了不起的国民，而对于我如此的赞誉，各位应当了解到诸位的责任更加重大。

孔子的著作中有一句话叫做"责备贤者"。意思就是说，一个高尚的人，一个引领社会的人，一个站在社会前列的人，应当担负更大的责任。在座的各位就是社会的引领者，所以各位不要忘记你们身上担负着比普通人更重大的责任。

那些普通的人，即便是做了坏事也不是什么大害，而那些有教养的人，众人瞩目的人，也就是如同在座的各位一样的人，一旦做了坏事，那就会给社会造成十分恶劣的影响。我之所以留了这样的辫子，并非是出于个人的爱好，而是出于对满清朝廷的忠贞。希望各位万万不要有负于我对日本做出的称赞，一定要去做一个品行高尚的人。

现代教育与战争

最近我在写《基督教会与战争》的时候，我曾经说过，当前欧洲战争的真正原因应该追溯到欧洲人民所拥有的那种恐怖的精神状态。在这个意义上完全可以说，在欧洲对国民的精神面貌负有无可推卸责任的基督教会已经是失败了。

为什么基督教会的行动没能取得成功？主要原因看起来是，如同弗劳德所说的那样，基督教会所教给民众的东西都是民众不需要的；而那些它没有教的东西反倒是民众所需要的。那么，基督教会都教给了民众些什么呢？他们教的是神学，教的是称之为宗教的教义。可是，民众真正需要的又是些什么呢？民众需要的是教育。而这一点基督教会显然是无法做到的，其结果便是那些为人民提供教育需要的机构得以建立。在这种需要的推动下，在如今的欧洲，那些被人们称作学校的机构，也就是拥有现代教育的学校获得了发展。相伴而来的是，如今在欧美全部的基督教国家中都出现了一种教堂与学校、宗教与教育分离的局面。这种区别，也就是宗教与教育的非正常分离，成了造成如今欧洲民众精神混乱不堪状态的本质根源。

而中国的情况则不一样。在这里我想指出，中国文明中最富特色的一点便是,教育宗教和宗教教育并不是完全分开的。中国的"教"的意思是指授课、教育,它同时也是宗教的名称。换句话说,在中国,学校就是教堂,教堂就是学校。可是在欧洲,如同我所说过的那样,宗教仅仅是宗教,教育仅仅是教育,教堂仅仅是教堂,学校仅仅是学校。实际上,这种教育和宗教的非正常分离,并不存在什么特殊的规定。据我所知,如今英国的法律甚至连在国家资助的学校中阅读基督教圣经也要予以禁止。法国人在这上面则走得更远一些。在公学中,国家不但禁止基督教的讲授,而且出于自身的需要,乃至在公学中又创造出了一种称之为"伦理"教的新宗教。

故此我们看到,虽然基督教对民众的精神面貌负有主要的责任,在几乎全部欧洲国家中,学校实际上已经承担了这种责任。如果基督教会在教义或者名义上对此还负有责任的话,基于欧洲民众恐怖的精神面貌,就如同在这场战争里所表现出来的那样——不单是在真正的战场上凶残,而且在新闻界也一样恐怖——理应遭受谴责。如果基督教会因为这个而受到谴责的话,那么,我们对学校、对如今的学校,对现代的欧洲教育又能够去说些什么呢?

罗斯金说过:"现代普通教育产生的唯一结果是,导致了人们对其人生最为重要问题的一切可能的错误观点的产生。"那么,情况的确如此吗?我们来进行一下考查。例如拿我们现在对战争的看法而言,当今教育对战争所讲的是些什么呢?当今教育看到了战争的严肃与恐怖了吗?回答是:没有!据我本人所知,一切现代学校都对学生讲述了战争的伟大和光荣。那么,之所以发生战争与争端是为了什么呢?是正义还是荣誉?全都不是。现代教育说的是:"战争为了利益。"如果进一步进行提问,战争和争端是为哪些人?"战争和争端是为了祖国。"现代教育就是这副腔调。那么,如果自己的祖国不是正义的一方呢？现代教育则会对此回答道："管它呢！乌啦！我们的祖国！"实际上，依据现代教育学说提出的要求，也许我们的义务是，不管我们的祖国在什么时候以强权去参战，我们都必须要为反对战争而战。

"爱国主义"这个词语将我们引向了宗教，即在现代学校中所教授的那种爱国主义的宗教。在欧洲的很多国家里这种宗教已经排挤到了基督教。现代学校以及现代教育对爱国主义都传授了哪些东西呢？现代教育教导人们说，爱国主义意味着作为一个好的国家的好公民，每个人应当履行自己的义务，应当对自己的国王或皇上效忠，应当遵守法律，应当依靠自己的能力而不要超出自己的可能去生活，应当偿还欠下的债务，应当成为父母的孝子，应当洁身自好，应当早日成家立业。依据善良的牧师在哥尔德斯密茨的"维卡"教区里指出的爱国主义的第一义务，就是要成为一个好丈夫，一个好父亲，急亲人之所急，想朋友之所想，对友人要忠信，如果他们需要的话就去帮助他们。可是从现代教育的意义上而言，这些就是爱国主义的全部含义吗？不。现代教育指出爱国主义——在这里我们不妨引用一下约翰·布若特的话，指的是"人们应当对政治怀有所谓值得赞赏的兴趣"。实际上，按照这个观点，爱国主义指的只是为选举权而呐喊，为本国政府而呐喊。现代教育还指出，当一个人漂泊在异国他乡的时候，爱国主义并不是意味着要通过自己的个性、自己正直和良好风度去维护祖国的声誉，而是，如果可能的话，尽量在任何情况下都以一种体面的方式去获取利益，为本国民众争取到贸易上以及其他的特权。最后现代教育还指出，爱国主义就是挥旗呐喊，抓住任何一个机会，高举火把去参加游行。实际上，爱国主义就是不管你到哪个地方都要高举着祖国的大旗。简略地说，从现代教育的意义上说,就是高举着祖国的大旗,大谈特谈对本民族人民的热爱和赞美。基督教的经典里说过:"人类的主要任务就是热爱上帝。"然而在现代学校里,爱国主义的新宗教将基督教及别的旧宗教的体系取而代之,他们在经典中说:"人类的首要任务就是为英国人、为大英帝国,为日耳曼人、为德意志帝国,为日本人、为大日本帝国,为现代中国人、为伟大而光荣的'中华民国'去高唱赞歌。"

很多人也许会说,这种描述有过于夸大之嫌,或者认为它仅仅是一幅现代教育的漫画罢了。然而我坚信,任何人也不能怀疑,人们给"战争"和"爱国主义"这两种概念赋予了太多的错误理解,因而也挑起了欧洲恐怖的现在将要进行到底的战争。通过学校的现代教育,错误地将所谓的"战争精神"过分强调,并将其当成了"爱国主义"的内涵。人人皆知普鲁士的军国主义是一种危险,可是,巴顿·鲍威尔的童子军运动就不算是军国主义了吗?普鲁士的军国主义起码还是一场严肃的军国主义,难道我们可以承认,这个时候的童子军运动以及他们对战争的呐喊,就不是一种野蛮的沙文主义了吗?中国有句说得很好的古谚语:"兵犹火,不戢将自焚也。"甚至连学生在玩带火的游戏的时候也必须在监护下进行。可是,让人们感到费解的是,全欧洲现在都在玩这种将会将一切都焚毁的战争之火。基督以不容辩驳的方式告诫人们说:"拿剑者,必亡于剑。"可是爱国者却对我们讲:"不管怎样我们必须要教育我们的后代去习武,为保卫我们的祖国不受侵略而做好准备。"我并不想用我个人的观点去对这种论调进行驳斥,而是想引用孔子的话去对这个做出回答。孔子的一个学生因为参加了一场武力反抗邻国的战争并且担任了将领而感到十分内疚。孔子便对他说:"夫如是,故远人不服,则修文德以来之。"(《论语》)不熟悉的朋友便会问,这种东方的孔子的学说与现代的学问——也就是古老的学问和现代的西方教育——之间的区别在哪里?我回答的就是:"它们的区别正在于此。"

宪政主义与中国

（一）

上周在北京剧院，上映了一部名为《红色灯笼》的电影，那个剧本是一个美国人写的，他的初衷是要展现发生在 1900 年著名的北京"义和团之乱"的场景。这让人有些哭笑不得，但是对于那些生活在北京，或者说至少对中国人以及他们的生活方式有所了解的人们来说，则显得很荒诞，和一切美国人的作品一样，正如一位俄罗斯女士所说的那样，它的确是太愚蠢无聊了。

此时，我手里有一部名字为《中国与远东》的书，它是美国的很多著名专家在 1910 年克拉克大学二十周年的庆典上所做演讲的汇编。这本书的前言告诉我们："这些演说有两个目的：第一，它对在学校或者学院的工作中展现远东发展前景的重要性予以强调；第二，它的目的是增进普及工作，让人们更普遍和更准确地了解远东的发展现状。"美国人的这种思想产物，和在北京剧院上映的影片《红色灯笼》几乎没有什么区别，尽管这部书也十分有趣，但是对于那些对中国和远东真正了解的人们而言，同样显得十分荒谬。

为了证明美国人对于中国和远东的观点和影片《红色灯笼》中

的理念是相似的，我首先引用了这本书的编辑、克拉克大学历史系主任乔治·H·布莱克斯理博士在这部书的序言中的开篇语。这位知识渊博的美国教授引用了威廉·H·西沃德的预言说："太平洋沿岸及其岛屿以及除这些以外的广袤地区，将成为未来世界上伟大的重要事件的主要展示舞台。"随后他又引用美国预言家西奥多·罗斯福的话说："随着美洲的发现，地中海文明已经消失了！现在的大西洋时代正处在发展的顶峰。太平洋时代最终要成为最伟大的时代，而如今正是太平洋时代的黎明！"

让我们来看看这组词汇，"世界的伟大未来"，"未来"二字用大写字母标出，而后突然间"黎明"二字又呈现在太平洋上。我们可以想象美国人关于远东前景的描绘多么类似一幅"电影画面"！该美国教授接下来说道："现在远东正在发生着非常重要的运动，它最终将进入宪政自治阶段。这种进步和被欧洲历史所清晰地证明过的一样，显然是符合政治进化自然法则的一种必然现象。自从罗马帝国的灭亡一直到现代，欧洲经历了三种风格迥异的统治阶段：最先一种是封建主义，然后是专制主义，最后一种是宪政主义。这个伟大的时代也就是这个宪法保障时代，欧洲即将完结，而亚洲则刚开始发展。"他最后十分得意地宣称："正是由于西方文明的教诲、榜样以及激励，引导远东民族从那些代表着欧洲政治产生时的痛苦与恐惧中摆脱出来！"

毫无疑问，这一切全部十分美妙。然而，有没有人想去了解这个伟大时代——这个欧洲已经将近终结而亚洲则刚步入正轨的宪法保障时代又将如何结束呢？从人们了解到的欧洲发展现状，尤其是俄罗斯的发展现状来说，我个人认为宪法保障时代将伴随着欧洲人民的"完蛋"而落下帷幕！那样的话，宪法保障时代在中国的结果又是什么样的呢？截止到现在我们看见的结局是，"中华民国"的那位在广东的总统，手里拿着一张写着"宪法"的手纸，口袋中分文全无，拳头愤怒地挥舞着，原因为外交使团拒绝将海关税的盈余额给他；而另一位"中华民国"在北京的总统则在罗伯特·霍顿爵士与香港总督的陪伴下悠然地品着茶。他看上去十分高兴，因为即使政府破了产，甚至是政府大学中的教授们都发不下薪水来，而巴黎一所大学却已经将博士学位授予了他，当三个横行霸道的军阀在天津统治着中国的时候，他便被完全地置身于外了。因此我认为这就是迄今为止在中国实行宪法保障的结果。

但是，我想严重的声明一下——我想在此处指出的是，宪法保障时代常常也是一个民族道德沦丧的时代。让我来给大家阐述一下这其中的道理。

在中国一直到那位知识渊博的美国教授声称"受到西方文明的教诲、榜样和激励"之前，中国人甚至没有一部成文的现代意义的宪法，最大的原因是他们并不需要这种产物。中国人不需要这种具有现代意义的成文宪法有什么原因呢？我想主要有两条。第一条不言而喻，就如同要求中国人在饭店用完饭后登记账单一样，一点没有必要。因为廉耻心让中国的人即使不去登记账单，也会照常付账。这种廉耻心让中国人，特别是中国君子们在即使没有任何成文宪法的状况下，责无旁贷臣服于他们认为是其皇帝的那个人。照这种情况来说，廉耻心也使得饭店的老板们在没有任何账单的情况下对待那些君子公平合理，同样道理，中国的皇帝在没有任何宪法的背景下，也会尽可能对待他的臣民公平合理，这就是在旧中国，人民为何不需要成文宪法的一个主要原因，那就是在旧中国，中华民族有廉耻之心——一种近乎于道德的标准，正像你们看到的，在饭店的老板与其客人的关系上,也不像在欧美国家那样,在他们履行其道德义务去付账前,还被要求去将账单登记。

在旧中国,至于另一个人民不需要成文宪法的原因则十分难以解释,尤其是对某些人而言,正如一位美国女作家所说的"道德上的矮子"的那些人而言,这种情况更为鲜明。卡莱尔曾经说过:"君王统治我们的权力,如果不是一种神圣的权力,那就是一种魔鬼似的邪恶。"另一方面,甘露德先生为上海的《字林西报》撰文时说:"神圣的君权(或者像甘露德先生所称的'帝王的光环'),全都是些虚幻的东西。"但是,君王统治我们的权力真的全都是虚幻吗?如果君王的神授之权是虚幻的话,我将认为在一个男人和他的妻子之间的那种被称作"友谊"与"爱情"的东西也是虚幻的。在中国,举一个例子,一个人把另外一个人当做朋友的话,他认为友谊——他和另外一个人的关系不是一种"功利"关系,而是一种神授的、天然的关系。这是什么原因呢?因为友谊的动机不是建立在图钱和图利的基础上的,而是建立在感情、情操的基础上,建立在神圣的敬重、赞赏和爱的感情上,这种建立在天然情感上的关系,是一种神圣的天伦关系。现在我举个例子,一位现居北京的中国老人为我提供了一套房屋居住,月租五十多美元。到现在为止已经十年了,他知道我的状况只能每天勉强糊口,所以我每次付给他房租的时候,这位老人都会被激怒,并且责怪我不懂得友谊这个词的真正含义!

正如卡莱尔把君王的权力称为神授天赐一样,我们中国人把君王或者皇帝和他的臣民的关系也称作一种天伦关系,之所以这样说,是因为这种关系既不是出于一种金钱的动机,也不是出于一种功利的动机,而是一种发自神授天赐的天然情感。孟子曾经说过:"人少,则慕父母;知好色,则慕少女;有妻子,则慕妻子;仕则慕君。"

孟子在这里所说的"心之所慕",和我说的"天然情感"一样,"心之所慕"与"天然情感"表达的意思也大致相同,所以即使不靠成文宪法,也可以把中国和日本的皇帝与其臣民联系在一起。

在日本,你能够从已经逝世的乃木西典将军庄严、高贵而美好的死亡中知道这种天然的情感以及这种"慕君之心"的具体表现形式——他死得实在是太神圣了,以至于在公众场合谈到这件事情时,我仍然感到激动。在中国,你也可以从义和团运动期间的那些二十刚出头的年轻小伙子们——正如一个英国军官所回忆到的那种"面对欧洲人的枪炮","疯狂愚蠢不顾性命"的冒死行为中,发现这种天然的情感,发现中国人民对于他们的皇帝"这种敬慕之心"的具体表现形式。令人感到诧异的是,美国的教授们竟然说:他们需要到中国来去教中国人怎么爱国。

换句话说,中国人在挑选他们的皇帝的时候,和美国人挑选他们的总统不一样,美国人认为这个人可以保护他们的利益,要给他们做"好事";而中国人挑选皇帝时主要的原因在于,在他们的灵魂深处认为这个人是一个比他们更为优秀、更加高贵的人。这种基于一个人的高贵品质所衍生的感情以及赞赏,便是卡莱尔所推崇的"英雄崇拜"。孔子说过:"仁者人也,亲亲为大,义者宜也,尊贤为大。"因此,不是什么成文宪法,而是孔子在这里所说的"尊贤为大"与卡莱尔所说的"英雄崇拜",就是这种我们称之为天然情感的东西,将我们对于过去、家庭、国家和故土的记忆联系在一起——赋予旧中国皇帝的称号(甘露德先生将其称之为"光环"的"神圣之权"),让他的臣民不仅会服从他,甚至当他有命令的时候,能够去为他而死。这就是为何在我看来,在那位知识渊博的美国教授声称"受到西方文明的教诲、榜样、激励"之前,中国人一直不曾有过一部成文的现代欧洲人意义上的宪法的第二个原因。

简略地说，中国人之所以没有成文的现代意义上的宪法的原因有两个：第一，中华民族是一个有廉耻心的民族，也就是一个拥有高度道德标准的民族；第二，中国政治得以生存的基础不在于"功利"，而在于道德。简而言之，中国人没有成文宪法的原因，在于他们拥有一部道德宪法。

说得更简明一点，在旧中国以及在日本，我想提醒那些满口谈论宪法与普遍选举权的日本政客们注意到这些——皇帝和人民之间的关系是一种道德关系，而和廷巴克图"壕沟"吧女与廷巴克图股票经纪人之间的那种"功利"关系不一样。实际上，就像在欧美国家声称单据与宪法的"纸条"不可或缺一样，恰恰只有当一个民族沦落到廷巴克图股票经纪人与"壕沟"吧女那样的道德水准时，他们才必须要依靠成文宪法来进行统治。因为正如孔子所说的那样："君子喻于义，小人（像廷巴克图股票经纪人那样的人）喻于利。"

也正是由于这个原因，我认为那位知识渊博的美国教授所说的宪法保障或者说是宪法贩卖时代，恰恰只是一个民族道德沦丧的时代。我曾经在二十年前写过的《尊王篇》中说过："今天世界上无政府状态并不是在中国——即使中国人正在遭受着由它而造成的痛苦而是在欧美国家。无政府状态的真正标志并不是在于一个国家是否多多少少都曾出现过无序或者管理不善的状况，其真正标志实际上是表现在别的方面上。'无政府状态'一词在希腊语里的意思是'无王'。'无王'或者无政府状态在历史上有三个发展阶段：第一阶段是一个民族缺少一个真正有能力的君主，第二阶段是国民们明显或者不明显地表示出对君主政体统治的不信任，最坏的一个阶段，也就是第三个阶段，是国民们不单不相信君主政体的统治，而且也不相信'君主政体'本身。实际上,他们已经丧失了辨别'君主政体'、人本身的道德价值或其尊贵所在的那种能力。在我眼里,如今的欧美国家正在飞快地接近无政府状态的第三个发展阶段。"

"这个伟大的时代也就是这个宪法保障时代,欧洲即将完结,而亚洲则刚开始发展。"当那位知识渊博的美国教授在说到上面这些话的时候,我想他所说的正是无政府状态的第三种发展阶段。确实,在我看到当前的这种状况的时候,这个所谓伟大的宪法保障时代在这次世界大战后将欧洲人民所带进的状态,并听到中国的那些受到西方文明的教诲和榜样激励的疯狂而愚蠢的共和佬在大谈特谈宪法和国会的时候——我的脑海里就出现了《圣经》里的这些话:"Quare Frumoerant gentes et populi meditati sunt inania"——翻译成英文的意思就是:"为何野蛮的异教徒相互争斗(也就是中国人所谓的蛮夷之争),同时人们却又在想象着那些于世无益的事情?"

最后,请给我一个机会,让我为你们咏诵几行英国诗人华兹华斯的诗,这首诗非常中国化。它将比我已经说过的或能够说的话更加有效地描述出中国人的精神:一种宁静而让人如沐春风的心境。在一定程度上讲,它将表达出我没办法表达的内容,也就是中国人那种灵魂和智慧的巧妙结合,那种真正给予中国人让人无法言说的那种温良的宁静并且让人如沐春风的心境。华兹华斯在《廷腾寺》诗中这样描绘道:

> 我同样深信,正是这些自然景物
> 给了我一份更为崇高的厚礼
> 一种欣喜的、如沐天恩的心境;
> 在这种心境里,人生之谜的重负,
> 幽晦难明的世界那如磬的重压,

都趋于了轻缓；在这种安恬的心境里，
慈爱和温情为我们循循引路，
直到这皮囊仿佛停止了呼吸，
周围的血液仿佛不再流转，
躯壳已经昏昏入睡，我们成了
翩跹的灵魂，万象的和谐和愉悦
以其深厚的力量，赋予了我们
安详静穆的眼光，正是凭借它，我们才得以
洞悉物象的生命。

这种可以让我们洞悉物象内在生命的宁静而让人如沐天恩的心境，便是一种富于想象的理性，也正是我们所说的中国人的精神。

（二）

我曾经询问被外国人称作中国政治通的美国记者甘露德先生，对于中国的历史他都了解哪些？他给我的回答是："你们有何历史？除去皇后和妃嫔们，你们中国人的历史没有告诉我们任何别的东西。"我借用贺拉斯的话告诉他说："是的。""因为从前特洛伊的海伦，那个最让人不可思议的尤物，正是战争可怕的起因。"

在本文的上篇里我已经说过，一个具备成文宪法的时代通常也是一个民族道德沦丧的时代。为了证明中国历史除去皇帝的皇后与妃嫔们之外，还包含别的内容，我计划对中国的历史做一个简要的说明：首先看一下，我们中国人是如何与如今的欧美人一般也曾一度变得道德沦丧的；其次看一下，后世的中国人是如何由于道德的沦丧，不再依据道德标准去统治，而是将其诉诸法学家的律令和那种成文的宪法的；第三，看一下法学家的法律与那种成文宪法又是如何被布尔什维主义取代的；最后，看一下布尔什维主义在中国如何被打倒，而真正的民主政府又是如何在两千年以前就已经建立起来的。

几天之前，一位从北京某大学来的学生将一本名为《政治学大纲》的书带给我看，他说他必须要通过一个考试。我便告诉这个年轻人，如果他不赶紧将这本书中的胡言乱语全部忘掉的话，他将变成一个无药可救的傻瓜！

在这里我想要指出的是，从亚里士多德到霍布斯、洛克，然后到现代的卢梭与赫伯特·斯宾塞，一切欧洲政治科学家所犯的基本错误，就在于他们关于国家起源与其存在理由的所有理论都基于这么一个假设，那就是认为它是基于一种对物质利益的渴望——渴望人身以及其财产获得保护，或者如卡莱尔所说的那样，让人类第一次由自身构成的社会、那种被称作国家的东西的"猪和猪槽"受到保护。可是我要再一次重申，这种假设是不对的。确实，正如某些人所指出的那样，甚至人类的穿衣最开始的时候也不是因为御寒的物质需要，而是由于基于内在的那种追求美观的道德意识，也就是追求体面。从中你们就可以明晓中国那些疯狂的缺少灵魂的共和佬、那些将辫子剪掉、将欧洲人的吸烟服穿在身上的人的愚蠢、昏聩了。这是因为在他们眼中，从功利角度考虑的话，辫子是十分不方便的，而吸烟服则对他们非常实用——可是他们并没能弄明白着装的真正意义。如果仅仅将方便或者"功利"当成目的，而不顾及美感与体面，那么，在高温炎热的夏季或者北京饭店热浪灼人的舞厅里，男人与女人们竟然还需要穿衣服，那又何必呢！

正如人们最初穿衣并不是出于物质或者功利的目的、而是由于道德的需要一样，被称作国家的人类社会也一样有其道德根源。孔子说过："君子之道，造端乎夫妇。"在原始社会的早期，一个男人遇上一个女人，他们之所以互相吸引，并不是基于动物的性冲动，而是首先基于人类自身的情感，基于一种天然的、爱的情感，由此而结为夫妻；因为夫妻关系基于天然情感，那种被称作"婚姻"的关系就成了一种神圣的关系、一种天伦关系——也就是欧洲人所谓的"圣礼"。这样一来，婚姻的庄严和神圣就变成了一种道德准则，也就是孔子所说的君子之道。男女关系一旦置于这种道德准则的统治之下，家庭也就因此而产生了。由家庭开始接着又形成了封建国家，也就是那种封建时代最初时期的宗族国家。

故此，我们看到一切人类社会，不管是家族还是国家，其起源、存在的理由与根基不是利益，而是爱，也就是人类的亲情。进而由这种爱和人类的亲情衍生出一种道德准则、一种君子之道。实际上，如若没有爱，没有人类亲情与同情之心，你甚至无法让男女在家庭生活中和睦相处，更不要说让人们在社团、民族国家以及国际联盟里保持和平了。这是因为，如同法国人茹伯所说的一样："一个不自爱的人，也不会公正合理地去对待他的邻人。"

但是，一个国家为何必须要有政府呢？也就是说，政府的起源以及其存在的理由是什么呢？如同我们所知道的一样，在产生人类社会之前，一个家庭或者一个国家如果想要存在的话，他们就必须首先具备一种道德准则，而这种道德准则就是我们现在所说的文明。故此，政府存在的理由以及其真正的功能，不是去保护人身以及其财产，也不是去保护"猪和猪糟"，而是为了去保护这种被称作文明的道德准则。那么，是谁最先发明这种被称作文明的道德准则并将其赋予人们的呢？孔子在《书经》里说过："天之于人，作之君作之师。"也就是，在最开始的时候，是上天派来的圣人将这种被称作文明的道德法则发明出来并将其赐给了人们，而这些圣人就是统治阶层与教士阶层。在中国，和欧洲封建时代早期一样，统治阶层被称作"士"，是一种武士，一种佩剑的绅士，而教士们则被称作史，相当于教师或教士，是一种穿长袍的绅士。教士的作用是让人们受到教化，让他们理解道德准则，而武士的作用则是捍卫与保护那被称作文明的道德准则，让其避免受到夷狄的践踏。

而这正是中国的统治状态与社会状态，它犹如欧洲早期的封建时代。在这个时代，统治中国人的并非法学家与法律或者那种成文的宪法，而是统治阶层与教士阶层的那些尚未成文的道德准则。正是因为他们维持着被称作文明的道德法则，人民便因此而安居乐业。

但是，大概在公元前八世纪，统治阶层与教士阶层走向了堕落。孔子有一段话对这种堕落发生的原因给出了注解，他说道："不有祝鮀之佞，而有宋朝之美，难乎免于今之世矣。"从中我们可以得知，那些本应当去传授道德准则的教士们却沉湎在"搬弄口舌是非"之中，而那些担负着捍卫与保护被称作文明的道德准则职责的统治阶层、武士、佩剑绅士们，却醉心在"漂亮的外观"之中，穿上了红色花边外套，留起了胡子。所以，在任何一个国家，在整个世界上，当统治阶层沉湎于修饰外表、教士阶层沉醉于搬弄口舌是非的时候，你便能够肯定，那个国家或者是整个世界都已经陷入了一种糟糕至极的境地。

但是，在进一步进行阐述前，让我再来引述一段文字，它来自于那本我曾说过给予了中国红色灯笼观的美国人的书里。中国通州的华北协和大学的校长谢卫楼博士，在一个有关中国"新学"的演讲里说道："中国的学术创造了一个让人不可思议的字符系统。可是它在培养学生们的演讲这一重要的艺术方面却遭遇了失败。中国的学者们从来不曾学会讲话。他们的头脑接受过很好的教育，但是他们的舌头却受到了冷落！他们最近从西方引入了一个新事物，并发明了一个叫做'演说'的新名词。"

在这儿，我要对那位将"讲话"当做教育里十分重要的组成部分的博学的美国教授说：演说，这个关于讲话与发言的艺术，几乎曾将中国的所有文明毁掉。在孔子的那个时代，醉心于"演说"的教士们以及后来成为并且内称为"儒"的人，他们传授政治科学（所谓的国策）与宇宙新理（所谓的异端），也就是：被孟子视作比洪荒时代的洪水猛兽还要恐怖、危险的邪说。最终那些教士们从"儒"变成"说客"，也就是"专业演说人"或者"宣传家"，那些像我们如今的濮兰德与辛普森一类的人。他们可以为任何一个答应付钱的人去做那些关于"爱国主义"、"国际保护"和国家联盟的演讲。在这些专业说客中最为著名的人物之一可以说就是张仪了。曾有这么一个流传下来的故事：据说他曾经被人控告犯下了盗窃罪，几乎被活活打死，他回家以后对其妻子说："看一下，告诉我我的舌头是否还在？"在得到肯定回答以后，他便高兴地大喊："只要我的舌头还在的话，我就会什么都不缺！"从中我们可以认识到，当那位美国教授埋怨中国学者将他们的舌头忽略的时候，他实在是大错特错的呀！

总而言之，在中国，政治科学、宇宙理论与教士、宣传家们的"爱国主义"演说所造成的后果便是出现了一个持续了两百多年的"战国时代"。在这个时期，中国始终处在接连不断的毁灭性的战争里面，它不单给中国人民造成了难以名状的痛苦和灾难，而且如同如今的欧洲一样，将一切道德准则给毁灭了；实际上它将中华民族引入了一个道德全部沦丧的时代。

最终在中国出现了这么一个人，他就相当于今天的威尔逊总统，他试图将战争与军国主义制止，这个人就是秦始皇（公元前221年）。如同威尔逊总统一样，秦始皇之所以可以在较短的一段时期内将军国主义消弭，并不是因为他是一个伟人，而是因为全部中国人都对战争和军国主义彻底地厌倦了。但是，为了确保将来不再出现战争因素，秦始皇将那些最著名的"擅言之儒"送入了一个深坑，一共有四百六十人——将这些人全部活埋了，并将他们的书籍全部焚毁。

至于那些统治者那些在孔子的时代醉心于身着红色花边服、留有胡须的佩剑绅士——他们中的绝大多数甚至是他们的子孙后世们都在两百年的战争中被全部杀死了；而在战争与军国主义被消弭后幸存下来的那几个，则变成了疯狂的"侠士"，由于他们热衷于暗杀、乱扔炸弹或者毒气弹，秦始皇便让他们戴上枷锁，将其流放到边境之地去修筑长城了。

在当时的情况下，中国封建时代的旧式贵族里，那些教士阶层，祭司们，如同一位现代学者所说的那样，成为了"乱道之儒"，而统治阶层、武士与佩剑绅上则成为了"侠士"，或者疯狂的军国主义者，并被彻底地消灭掉了。汉朝伟大的历史学家司马迁在评论这个时期被毁灭掉的贵族（也就是教士阶层与统治阶层）时写道："儒者用文乱法，而侠者以武犯禁。"

在北京时，曾有一位日本绅士对我说过"如今日本的军国主义已经完蛋了。"我便问他说："当你从如今的日本将军国主义者剔除了之后，日本还剩下些什么呢？"他回答我说不知道。我便告诉他说："还剩下一些教授与官僚。"

在两千年前的古老中国里，当封建时代的旧式贵族、武士与教士们消亡的时候，一种新式贵族便紧接着成长了起来，那就是法家贵族与官僚贵族（即吏）。如同我说过的一样，一切道德准则都被毁坏掉了。官僚们为其建立了一种新法则——并不是道德的而是人为的一种准则，它被称作法律（law）。当一位对判决结果怀有异议的人问英国的审判官："大人，这就是公正吗？"他被给予的回答是："不，在此我所给予的只是法律，而非公正。"为了将"法官的公正"，即法律，予以实施，佩剑绅士被一种专门用来雇用的新形成的阶层所取代，而这种新形成的阶层便是"gen d'ames"，也就是宪兵——它被称作"尉"。于是，如同我在本篇开篇时所说的一样，此时的中华民族变得完全道德沦丧了，用于统治中国人的已不再是道德准则，而是法学家们所谓的法律与成文宪法了。确实，在中国历史上的这一时期，"宪"字被突现与彰显出来了。但是，法学家们所谓的法律和成文宪法，以及中国两千年前的官僚与官僚主义造成的最终结果，如同我们今日在俄罗斯所看到的一样，正是布尔什维主义。

很多人，比如威尔逊总统，都认为必须要将强权专制打倒，并建立起公理专制。但是在建立公理专制之前，我们必须首先弄清什么是公理。马太·阿诺德曾说过："公理是一种道德的东西，它是指一种内在的认同与意志的自由遵从，所以对其他那些倾心于自己新近辨识的公理的人们而言，企图将他们自己所理解的公理强加给我们的那种行为，只是一种专制的暴行。"——而说到最坏的专制暴行，便是我们所知道的在欧洲某一时期基督教教会所实施的恐怖迫害。

实际上，正是为了去反抗秦始皇统治下的官僚与法学家们的那种公理专制的暴虐，全部的中国人都像布尔什维克一样揭竿而起，几乎将中国的所有文明都给毁掉了。

最终，一位真正的伟人从众人里面脱颖而出，将布尔什维主义消灭，并变成了中国历史上第一位民主的皇帝，也就是我们中国人所说的"布衣天子"。他建立了汉朝（于公元前206年），他用消灭布尔什维主义的那种方法将官僚与法学家们的公理专制取代，也就是说将其代替为皇帝的强权专制。他做了皇帝以后，第一件事就是焚毁一切关于法律与成文宪法的书籍，如同如今乌嘎的俄罗斯贵族所做的那样，他还颁布了名为约法二章的简短宪法：

1. ——蓄意杀人者死刑
2. ——强盗斩首
3. ——一切损害，都必须要赔偿

接着当他宣告"乃公马上得天下"的时候，强权专制也就随之建立起来了。伴随着那种强权专制他创立了中国历史上第一个民主政府，如同我在《中国的治体》一文中所解释的一样，那种民主政府，通过建立起皇帝的强权专制，负责于那些国内最富教养的人们的清议。正是基于这一点，我认为在两千年前，中国在世界历史上第一次创了一个真正的民主政府。

通过以上对中国历史的简短回顾，我们可以看到，为了民主而真正让世界不得安宁的并非是军国主义者，而是那些教授与官僚们。教授们是因为接受了错误的教育，而官僚们则只是接受了一种半拉的教育，所以，治疗教授和官僚们的方法，就是给予他们一种真正的教育。但是在让他们具备真正的教育之前，首先必须要有一个真正的政府，而在建立起一个真正的政府之前，又必须要首先建立起"君主政治"。比康兹菲尔德爵士说过："我不知道'君权神圣'的理论如今是否还站得住脚，可是我相信，除非那个政府的负责人拥有去做他认为对的事情的绝对权力，否则的话，良治也就无从说起。"

概括地说，现在的中国以及世界所需要的并不是宪政，而是王政（也就是君主政治）。这是因为，在当前我们生活的这个时代，也就是那位博学的美国教授所谓的宪法保障时代，我们可以和孔子一起说"甚至在野蛮人中间"，像如今俄罗斯贵族里那个从波罗的海省来的真正军阀统治下的蒙古人与布里亚特人中间，"都有'君主政治'，与此相反，在所谓的文明国家中，如今却没有这种东西"（即孔子所说的"夷狄之有君，不如诸夏之亡也"）。

民主与战争

孟子说:"春秋无义战。"(《孟子·尽心章句下》)中国历史上的春秋时期(公元前772—480)犹如如今的欧洲,是一个十分混乱而又常常发生战争的时期。那时候中国封建统治的体系已经全部崩溃,从中产生了拥有新思想的新的社会秩序,也就是民主的社会秩序,如同我们在今天中国所看到的那样。遗憾的是,人们并没能对这种关于在良好基础上面建立起这种新式社会的思想予以理解。随着人们对严厉的封建习惯的依附和敬畏(也就是对王权统治敬畏)的结束,封建主义基本的以及必要的国体的基础(也就是对当权者的敬畏)也已经消散殆尽。于是生活在该时代的孔子说道:"夷狄之有君,不如诸夏之亡也。"(《论语》)

孔夫子在临死之前写了一本名为《春秋》的书(人们可以将这本书和伽利略最后生命中写的那本小册子相比较)。他在这本书中说到,伴随着对主权思想以及对当权者的敬畏思想的动摇,春秋战国时期一切无政府状态以及当时战争一直没能结束的原因,全都存在于中华民族之中。对这些孟子也曾有过论述。

我们发现,如今的欧洲存在着和两千五百年前中国一样的情况。封建社会的体系在欧洲已经分崩离析。一个具有新思维的社会新秩序,也就是一个新的民主社会秩序正在逐渐兴起。然而,民主究竟指的是什么呢?对此我不无遗憾地认为,对于欧美的很多国家(也包括从这些国家输入了"新学"以后的中国),民主仅仅意味着缺少王权。美国人说过:"民治、民有、民享。"前些时候爱德华·格雷先生在谈到如今的战争时说,英国政府准备去让民众自己表决。依照法律的规定,身居国家最高层的、应当对良治以及国家福利负责的国王、皇帝或者总统压根没能担当起对本民族应走道路的引导,而只是盲目地听从于民众的意志,也就是他们所谓的民意。在另一方面上,人民不只是对自己应当如何被统治而表决,而且在必要的时候还要指出何为正义之战,什么又是非正义之师,国家应当在什么时候或者应当对谁开战。如若我们将有无良治的问题放在一旁,接踵而来的问题就是:作为一个民族里的大多数人,是否有能力正确地判断什么是正义之战,什么是非正义之师?正义之战应当是为公理为正义或者如同人们常说的那样为文明而战——可什么是真文明?什么是假的文明?什么才是真正的人类文明?一个民族中的大部分人知道多少?——或者从本质上讲,他们都知道些什么?最近大英帝国的财政大臣鉴于当前的战争,对英国人民讲述了家兔与刺猬的故事。毫无疑问,人们特别是大英帝国里的大多数臣民全都知道家兔与刺猬的区别。可是对于文明、真正的文明而言他们又知道多少呢?当人们谈论起文明的时候,他们应该知道,文明并不单单是一个伟大的字眼,而是一项伟大的事业,是一个充满了非同寻常意义的课题。

人们也许会对此提出反对意见,也就是因为,虽然民众、一个民族的大多数人对文明所知寥寥,但他们能够找出并选举出真正可以理解文明并且告知他们什么是文明的人。那么,这就再一次提出了一个问题,一个民族的大多数人可以真正发现并选举出那些的确能够理解并能对他们讲明什么是文明的正确人选吗？培根说过："荣誉是美德的反映。这就如同一个玻璃杯或者任何一个反光体一样。妇果它来自于庸众，那就是错误以及毫无价值的，而且虚荣多于美的品性。因为庸众对于很多高尚的品格全无所知。最低级的那种品德就能赢取他们的赞誉，中等的品德便能引发他们内心的震惊。而至于最高尚的美德，他们既不明晓其奥妙，更不能指望可望其项背。他们只会说：'他们最趋近如日月之光的美德。'"如若培根在这儿说的是真的，如果一个民族的大多数人想要理解文明是什么，他们就应该选举出那些对文明略知一二的人。可是如今看来，人们的确没能选举出那些对文明真的可以略知一二的伟人！而只是选举出了那些所谓合适的人，那些美德昭如日月、巧舌如簧，擅长对人民发表例如家兔和刺猬区别之类演讲的人。

　　人们也许也会对此说，一个民族的大多数人是可以选举出正确的人选并能够讲明文明是什么的。可是我认为，如果人们真的坚信一个民族的大多数人能够选举出正确的人物，那么这种正确选择的可能性本身就已经不存在了。《新约》中说过："很多人员有资格，可中选者甚为寥寥。"柏拉图以及古希腊智者都说过："大多数永远是不好的。"实际上，中国古代的那些帝王，当他们谈及自身时用不是"我"或"我们"，而是"寡人"、"孤家"。因此在一切国度里，在任何时候，对于那些不单单渴求知晓什么是黄油、什么是面包、什么是个人利益，而是渴求知晓什么是真理、什么是正义、什么是名誉和文明的人已经不复存在了，或者仅仅是处于少数了，他们也不担心，即便是可能存在的话也仅仅只有一个。实际上中国人将那些有勇气敢于去做少数或者只有他自己（也就是"慎独"）的人称作士，从字面的意义上讲也就是"严肃的人"，如同中国古代的皇帝一样，他们也可以将自己称作"寡人"，也就是孤家。

换句话说，在这里我想要指出的是，民众也就是大多数人尤其是指一个民族里的大多数民众，从来不曾正确地判断过什么是真理、什么是谎言、什么是尊严、什么是无耻、什么是正直、什么是虚伪，简略地说，也就是什么是文明、什么是野蛮。与此相反，当人们问起真理和谎言、尊严和无耻、正直和虚伪、正确的和错误的文明的时候，如果让一个民族的大多数人去分辨这些严肃且重要的问题的话，那么，这种分辨将永远无法做到正确。而通过这种判断而引发的战争将永远都属于非正义性质的战争。

此处我综述一下以便结束全文。在最近我所写的有关"现代教育与战争"文里说过，有关"战争"与"爱国主义"的错误思想，或者错误观念，这些在现代学校里被广泛传授着的字眼，比任何别的东西都更多地导致了如今发生的欧战。在这里我进一步要指出的是，现在欧美人民对"民主"这类字眼的错误概念，并不仅仅是最近一切无政府状态、一切社会、政治与世界的无政府状态的根源，还是致使发生当前战争的非直接原因。

在消极的意义上说，民主的真正内涵就是没有特权；在积极的意义上来说，民主的真正内涵就是一切平等，或者像那个伟人的拿破仑所表达的那样："人尽其才。"实际上，民主指的是一扇敞开着的大门，没有什么出身、地位、种族的区别。民主真正本质正在于此而非其他。在这个问题上，对于如今这个所谓的民主，正像我在文章的开篇指出的那样，单单是指没有王权。如同法兰西作家阿尔方·卡尔所表述的那样："在学校里，学生应当教老师；在军队里，士兵应当握有比将军更高的指挥权；在大街上，马应当去驾驭马车夫。"

这种对民主是一种无王权状态的错误理解，一方面不但将现代大部分人对王权统治的信念打消，而且也将对王权本身以及对人的价值的信念打消；另一方面，这种对民主的错误理解，也致使如今欧洲各国执政的政治家将权力全部交给了一群乌合之众，一群现代的对爱国主义抱有错误的、颠倒的观念的乌合之众。这种错误观点是他们经由现代教育获取的。更加糟糕的情况是，这愈发助长并迎合了这群乌合之众的那种颠倒的观念和激情。实际上，这就是卡莱尔称作耶稣会教义的东西，是狡猾和奸诈在现代政治家身上的统一。如今一切欧洲国家的国务活动家与执政的政客们，当他们谈到和平和文明的时候，便也迎合了这群乌合之众的激情。更加严重的是，迎合了在下等阶级身上的那种虚荣和残暴的统一体——一群走上了邪路的现代乌合之众的无政府主义。他们压根不知道什么是一名公民的真正义务并对其也毫无兴趣，却在那里不停地对爱国主义夸夸其谈。正是这群执政政客的耶稣会教义，以及如今欧洲全无责任感的乌合之众的无政府主义，兴起了这场极其非正义、非道德、罪孽深重、最恐怖的世人有目共睹的、正发生于欧洲的战争。为了反对这种耶稣会教义与无政府主义也就是错误民主的产物，当代的卡莱尔在其晚年所写的书中以及中国古代的孔子在其《春秋》中都有过阐述。孟子说过："孔子成《春秋》而乱臣贼子惧。"（《孟子·滕文公章句下》）

我在我那本名为《总督衙门论文集》的书里说过："如今世界无政府状态的真正根源并不是存在于中国——尽管此时中国人民正在深受其苦——而是存在于欧美。一个国家出现了多多少少的管理上的混乱以及无秩序并非就是无政府状态的标志或者是检验其存在的试金石。希腊词'无政府'从字眼上讲指的是'无王权'。无政府状态有两个阶段或者说层次。第一阶段指的是某国没有一个有能力的国君；第二阶段指的是臣民对其君主的统治公然或者潜在的不信任；第三阶段也就是最坏的阶段，指的是所有的臣民不单不信任其君主的统治，而且不再信任王权本身，实际上也就是已经全然丧失了认可王权或者人类自身价值的能力。"我认为，如今的欧洲与美洲已经在飞速地接近这个最后的最坏的阶段了。在上个世纪初歌德用诗的语言曾写过：

法兰西的不幸是骇人的，在上者真应当好好对自己进行反省；
可实际上，在下者应当对此进行更多的思考。
如果在上者被毁掉；那么谁来保护彼此争斗着的在下者？
在下者已经成为在下者自身的暴君。

义利辨

现已故去的戈登将军曾说过:"在远东,如若我们是在黑暗中摸索的话,最好的道路就是按照公平与正义行事。"在我看来,如果做到了这些的话,我们中国人在奉行某项政策的时候,就不会再发生任何问题了。这是因为戈登(这位基督教骑士与真正的英国绅士),已经给我们指出了远远要比"来自北京冒昧的书信"的作者辛博森先生所指出的好得多的一条道路了。在当今世界上所出现的巨大危机中,如果我们中国人是在西方的黑暗中摸索前进的话,对我们而言,最好的道路并非是辛博森先生所建议的那种如何做会对我们有利、有益处或者对未来有益处就应该怎样去做,而是应该依照戈登将军所说的"公平与正义"去做。

如果现在中国去参加协约国作战的话,那结果必定会是:中国将让德国与欧洲其他正在相互争斗的国家变成敌人。难道这是中国应该去做的或者是将要去做的事情吗?辛博森先生对此说:"华盛顿的男子汉义举,北京理当去追随。"这话听起来的确很动听。但是,我们来真正检验一下,他所谓的真正的男子汉义举到底是什么?在这里,我们暂且不说德国及其同盟国的曲直是非,从现在的情况来看,实际上他们正在遭受着整个世界上一切强国的围攻。现在的人们喜欢大谈什么国际法，可是我认为，世界上还存在着一个比国际法更为高级别的法律，那就是"君子之道"，英国人称其为游戏规则。我记得我以前在苏格兰的一所公立学校读书的时候，英国的那些同学压根不认为纠集一伙人去打一个人（即便这个人在校以斗殴闻名）这种违背了游戏规则的行为是一种男子汉的作为。连一个英国中学生也不屑于去做的事，辛博森先生竟然在那里将其美其名曰男子汉义举！

在美国人看来，美国人所采取的行动是必要以及绝对正确的。然而，这种行动自身却压根不属于什么男子汉义举。我要再说一次，那些妄图教授中国人学习国际法的人压根不懂得，在中国存在着的那种自孔子时代就已经有了的真正的古老的国际法。这种古老的国际法比我们知道的用于当前情况的任何一部国际法都要好出许多。这个中国古老的国际法认为"师出必以名"。可是现在中国压根就没有对德国宣战的任何理由。如今欧洲的争战和中国没有一丁点关系，中国没有作为借口的值得一提的商贸船队，也根本没有和德国的潜艇战发生过什么关系。实际上，我认为压根没有形成适用于法官在法庭对德国宣判的法律。那些对中国出主意告诉中国应当如何做的人，我认为他压根不懂得"厚颜无耻"一词的意思。如果中国采取了这样的行动，那就绝对是一场不容饶恕的厚颜无耻。

实际上，辛博森先生以及别的人建议中国应当将德国视为敌人，是有着其可以理解的充分的理由的。在我看来，他们之所以认为中国应该这么做，是因为战后的中国将因此而受到协约国的表扬，或者更为准确地说，将获取到他们的优待以及一种免受挨打的好处。而我所说的免于挨打，如同辛博森先生所说的"协约国胜利以后，可以让那些加入其一派者免于受到侵侮，但凡那些没有站在胜利者一方的,都将被归入到战败者之列。"简略地说,此种暗示表达的只有一个意思:如同你的一个朋友正和六七个人动手,你因为可以得到贿赂,或者停止殴斗以后自己可以免于遭受这六七个人的合伙殴打,便去帮助朋友的那些对手去殴打他。这便是辛博森先生所称道的义举!我相信,即使美国商人可能将其描述成一种最高的正确的商业准则,可即便是最卑鄙的小人,也会将其称作无耻流氓的商业准则。

孔子说过:"君子喻于义,小人喻于利。"在我看来,对于中国在当前的危机中应怎么做这个问题,裁断的准则是:这个民族是想要成为一个君子的民族还是想要成为一个小人的民族。我要进行说明的是,因为这种自觉性是一个有非常大影响的决定。它不仅关系到中国并且关系到整个世界的未来。如果中国听从了辛博森先生以及那些如今生活在中国只顾及个人利益的那些人的劝告的话,他们在大声地催促我们去对德国(一个和我们一向邦交和睦的强国)发动敌对行动。在压根没有任何宣战的理由,没有任何可以说得出来的原因,而只是为了战后可以从协约国那里得到一丁点儿好处,那么,中国就将变成一个小人的民族,如果中国真的成了这么一个民族,那么她就理所应当地受到审判。

在此应该清晰地指出,中国作为一个反对他国入侵而自己军事上又非常弱小的民族所获得的唯一保护,依靠那些比中国更强大的民族在和中国打交道时,将友谊、法律以及正义看得高过一切利益之上。如若中国自身在她与德国的交往中就置身于此种原则之外的话,那么中国又有什么理由让其他国家去这么做呢!故此,中国当前正确的、当务之急不是马上站到协约国的一方,如果这样的话,一旦境况发生了变化,中国将面临无以自处的境地。一旦一个或者几个协约国，例如日本，当她发现她那不容人分享的利益存在于中国时，或者甚至这么说，如果他发现了自己有兴趣去剥削、压迫这个国家，并将其肢解和吞并的时候，对此中国又能说什么呢？中国可以高声呼吁友谊、法律以及正义吗？那样的话日本会对她说："你在与德国的关系中顾及到了友谊、法律以及正义了吗？那好，我们对待你就如同你对待德国那样：我们只顾及自己的利益，就如同你在对德关系中所做的那样。"为此我认为，如果中国真的奉行了辛博森先生以及别的人的建议的话，如同一个充满小人的民族所做的那样，只考虑并最终考虑自己的利益，那么中国就会受到审判。孟子说过："苟为后义而先利，不夺不餍。"

在另一方面上，如果中国依照戈登将军——这位基督教骑士与真正的绅士、这位我们可称作"中国戈登"的、中国人唯一能够信赖的朋友与顾问——的话去做，如果中国奉此道而行并且坚守此道（也就是正义和公理），那么不论辛博森先生和别的在中国的那些自私自利的外国人怎样威逼利诱，而断然拒绝对德国采取敌对行动，这样就能够表明中国是一个君子的民族，一个将友谊、法律以及正义置于自己一切利益之上的、乃至不顾及自己安危的君子民族。如果中国在此关键性的历史时期可以表明自己是一个君子民族，一个重视"君子之道"的民族，那么，她就可以赢取整个世界的敬重。

如今人们似乎已经忘记了，抛开武力和财力不谈，对于一个民族和对某个人来说，让人尊敬的得体的举止都是一种保护。人类与民族之间的争战以及战争最重要与最有影响的原因是什么？那就是因为受到了他国的侮辱和攻击或者是对他国施以侮辱和攻击。所罗门说过："一个温和的回答可以将怒火平息，而伤害的言词却可以将愤怒激起。"一个人或者一个民族凭借得体的举止可以避免遭受侮辱，在文明的人或民族之间，没有一个人或者民族是例外的。无论她如何强大，如果她主动去攻击另一个人或者另一个民族的话，她就会走向堕落，原因在于，这个人或者这个民族所怀的是一种侮辱的动机。同样的道理，对于那些堕落的人或者民族也不能施之以反侮辱，而是要保持自尊自重，这样反倒可以在堕落的人或者民族面前保护自己的尊严。实际上，现实让我感觉到，欧美人民压根没有将这么一个简单的真理牢记于心：彬彬有礼可以得到它所唤起的敬重。而且这不仅仅是对一个民族，即使是对于个人而言也是一种保护。欧洲在战前的军备竞赛的目的无非只是想要保护自己，在当前的世界的变革中，这种保护自己的动机更为显得突出。孔子说过："当陌生的民族互和攻战时，你们应当保护好大众的品性、良好的教养以及纯洁的美德。实际上，彬彬有礼的美德可以善化并且赢得他们的敬重。"因此我认为，对于中国而言，即便不是唯一的也会是最好的保护便是：以德服人。

我的观点依然如此，如果中国可以表明自己是一个君子之国，她就可以赢取世界的敬重并以此自己得到拯救。进而我宣布，如果现在中国可以展示其是一个君子之国，并可以把友谊、法律、正义置于那些实用、利益乃至个人的安危之上的话，那么，她不仅可以拯救自己，甚至还能够拯救世界以及当前世界的文明。这是因为，在我看来，从本质上来说，如今欧洲盛行的恐怖战争的最主要的道德因素正在于：欧美各民族的政务活动家与政客们忘记了"君子之道"，他们的行为就是孟子所说的那种"先利而后义"，而按照孟子的观点"苟为先利而后义"是"不夺不餍"的。

在我看来，在欧洲与美洲各国尚未认识到"君子之道"的意义并由此而达成协议时，也就是在将名誉、法律和正义置于实用和利益之上以前，他们之间压根不可能有什么和平可言。甚至我还坚信，在欧洲和美洲的人民尚未认识到他们处在错误的道路上并对此进行反省之前，在他们尚未认识到当前让人震惊的残暴、悲惨的战争不仅给每一个民族、每个人带来了悲惨的恶果，而且这种有损欧洲辉煌的错误与不道德的恶果正是他们那种所谓的新学、自由以及进步的文明无可避免的产物之前，世界上是不可能存在和平的。然而如今，他们又要将这种战争的恶源输送到中国来了。我们中国所拥有的真正的文明和欧洲那种错误的不道德的文明在本质上就是不同的，他们的差异在于：后者用"新学"教导人们将实用和利益放在第一位，而将廉耻、法律和正义放在末位，而中国真正的文明却用旧学教育和指引人们将廉耻、法律以及正义置于任何一种实用和利益之上。

在这个世界发生纷争的历史时期，对中国而言，的确是展示其文明、道德光辉的大好时机：这是一个中国人对欧美民众展示其是一个世界上绝无仅有的伟大民族的大好时机；要让欧美人都知晓中国是一个四亿头脑都明白"君子之道"大义的民族；是一个义无反顾地将友谊、法律以及正义置于一切实用与利益之上，而不顾自身安危的民族！有谁能够知道，一个拥有四亿颗这样头脑的民族所树立起来的光辉典范榜样，会对整个世界产生何等的影响呢？

美国人爱默生曾经说过："我清楚地看见了滑膛枪崇拜的破产，这就如同上帝的存在一样毋庸置疑，不要以暴易暴、以枪易枪，唯有爱和正义的法则可以引发一场干净而彻底的革命。"如今，中国甚至没有能用来保护自己的足够武装，如果他们也插手到那遍布于全世界的争端之中，不仅会无济于事，反倒只会给自己造成灾难。在中国的文明中，也有被爱默生称作不以暴易暴的东西，那就是爱和正义的法则，也就是君子之道。如果中国在当前世界历史性的危机中运用其文明中原本固有的君子之道，有谁能够知道，如同爱默生说的那样，不会引发一场干净而彻底的革命、并可以有助于结束这场带给世界毁灭性的、正蔓延到地球各处的恐怖战争呢？

故此我认为：如果中国在当前这个巨大的世界历史性的危机里以一种自己是一个君子民族的态势出现的话，那不仅可以拯救我们自己，而且或许还可以拯救世界，拯救世界上的一切文明。

在美国，马太·阿诺德作了有关他那个时代的伟大的报纸预言家的三次演讲。其中的一次演说上，他说道："如果我们伟大的《泰晤士报》的极富创造性与灵感的博罗威茨（Blowitz）先生是一个无所不知、无所不能的人物；如果他指明政治发展的动力以及某些政府部门被取消的原因及其后果；如果他论述清了至今未曾尝试过而又应当被尝试的联合的必要性，并从我们每天的那些深信不疑的事物中将其隐藏的奥秘揭示出来，到那个时候，人们就会时常重提预言家的那句话：'上帝是这样的智慧，以至于不用收回其成命！'但是，博罗威茨先生并非是那个唯一的智者，上帝也具有自己的智慧，并且不管怎么样，这一智慧终究要让上帝获取胜利。这是因为上帝已经将社会福利与国家兴衰，和特定的道德因素紧紧地联系在一起了。"

在本文即将结束的时候，我想说一下，如今在北京神秘地不停忙碌着的辛博森先生也并非是唯一的智者，值得庆幸的是，中国的将来并不取决于辛博森先生那看似聪明的观点。实际上，中国的前途只是取决于政府的高级官员们是否情愿将上帝总是将其和社会福利、国家以及人民兴衰紧紧连在一起的道德因素予以严肃、负责的正视。

附：作者中译版

　　近者中国对于德国潜水艇无限制攻击之通告有抗议，使专为尊重人道起见，出于忠告之诚心，诚不失为义举。而北京《京报》新闻记者辛博森氏辄欲中国加入协约国战团，侈陈种种利害，以相劝诱。辛博森氏为英人，其用意自别有在，而我国策士者流乃亦深信其说，亟图利用此谋为冒险投机之事业，则蒙窃有惑焉。昔戈登将军有言曰："吾西人对于远东之事，如冥行索途，茫然莫识其趋向，一切交涉，惟当以义为断，无诈无虞，自然信孚而交固。"谅哉，斯言易地以观，我国之对于西方何以样是！戈登者，英人诚笃君子也，其论国交自必胜于一寻常之新闻记者。今日我国对欧政策，与其从辛博森氏唯利是图之说，毋宁从戈登将军以义为断之言乎。夫欧战以来，美国商人输送军实接济英法者，获利无算。一旦为德潜艇所阻，坐失莫大之利，因出而与之力争，固未尝计及于义也。今辛博森氏之言曰："美人所为之雄举，华人义当从之。"斯言诚娓娓动听，然何举而得称为雄，何举而方合于义？吾侪正不可不察，同盟国之是非曲直姑置勿论，今全球强国已群起而环攻之矣。英法海军又封锁海口，以断其接济，彼既以寡敌众，又内顾接济之将穷，不得已出此报复之举，图战事之速了，盖穷无复之后，舍此别无良策，其为情亦可伤矣。我与德邦交素睦,初无深仇,夙怨又无,航行西方之商船足以受德潜艇之攻击,顾动于战后之利,受协约国之劝告遽加入战团,与之为敌,使战祸益延长而不可遏,证以君子之道,得为武乎!今人动言国际法,不复知有君子之道。然在英国游戏规则中,其义尚有存焉者。忆昔在苏格兰公学时,其校中游戏规则,凡合众力而搏一童者,虽是童在校中为至顽劣,胜之亦不武。英童所视为不武者,辛博森氏转称为雄举,不已左乎!西人动欲教我以国际法,不知我国自孔子以来,自有真实切用之国际法在,其言曰:"以礼让为国。"又曰:"远人不服,则修文德以来之。"又曰:"师出必以名。"今我出师抗德,其名安在?规利以崇仇,附众以敌寡,揆诸礼让之道,修文德之义,当乎不当?若徒徇西人之所谓国际法,则我国故无力足以判德之是非而加之罚,徒为协约国所牵率,投入漩涡,此后无厌之要求,应担之责任,皆无可逃免,稍或不慎,越俎代庖者立至,恐欧战未毕,而我已不国矣!辛博森氏之徒所持以劝我者,谓加入协约可获利于战后,且可免不虞之侵犯,其所谓可免侵犯者,谓协约国胜后可以保弱国也。谓协约国胜后,凡非其援者,即其敌,祸将不测,故不得不加入也。有人于此,其友方与六七人斗,彼因可以得赂,或止斗后可免六七人殴己之故,无义与其友反目,甚且击之,此即辛博森氏之所谓义也,亦异乎吾之所闻矣。孔子曰:"君子喻于义,小人喻于利。"窃谓以小人之道谋国,虽强不久;以君子之道治国,虽弱不亡。我国此时欲决大计,定大猷,必先自审,将为君子之国乎,抑将为小人之国乎?诚欲为君子之国,惟当勤修内政,加意人才,登用俊良,廓清积弊,使一切施措厘然当于人心,在朝在野,人人知礼让而重道德,对于外交,一衷于义之至当而无所偏袒,则忠信以为甲胄,礼义以为干橹,千城之固,莫善于此。不此之务，而溺惑于贪利小人之言，冒耻诡随，妄希战后权不我操之利，斯益去亡不远矣！

今夫新学也，自由也，进步也，西人所欲输入吾国者，皆战争之原也。我国之文明与欧洲之文明异，欧洲之文明及其学说，在使人先利而后义，中国之文明及其学说，在使人先义而后利。孟子曰："苟为后义而先利，不夺不餍。"今者欧洲列国倾竭人民之脂膏，糜烂人民之血肉，以争胜于疆场者，祗此竞利之心相摩相荡，遂酿成千古未有之战祸，迨至筋疲力尽，两败俱伤，饱受夫创巨痛深之苦。而追溯其恃强逞忿之私，必有大悔其初心之误用者。我国兵备不充，军气不振，无可讳言，即使励精图强，极意整顿，俾陆海皆有用武之实力，必非旦夕所能期然。则目前所恃以御侮而救亡者，独有以德服人之一理而已。我诚采用戈登将军之言，事事蹈义而行，不为利诱，不为威怵，确守其中立不倚之道，对于列强无所左右于其间，则可谓君子之国矣！列强以竞利之故，互相吞噬，穷极其残暴不仁之武力，而环顾世界中犹有一国焉，其人口四百兆，独能以君子之道自处，而并欲以君子之道待人，未有不内愧于心，而敬之重之者。夫至敬之重之，而又从而侮之，此为事理之所必无，可断言也。我国御侮救亡之道，舍此岂有他哉？美人阿姆逊之言曰："尚武若，吾见其必败；以仁义为械者，足令世界相观相感，而迁于善。"今日黩武穷兵之祸，欧人亲受之痛苦，不啻自涂其脑，自剥其肤，盖已有废之不及者。吾诚善用阿姆逊之良械，仁以爱人，义以断事，发挥而光大之，庸讵不足使世界改恶迁善，而息争解纷耶！吾故曰："当兹有史以来最危乱之世，中国能修明君子之道，见利而思义，非特足以自救，且足以救世界之文明。"

纲常名教定国论

予谓今日之中国，不废共和政体，国不可一日安也。或问何以言之，予曰，昔有驻日本英使尝语人曰，旧日本旧时代无二物，或问何物，曰臭虫与律师。予亦谓旧日之中国无二物，或问何物，曰游街拉客之娼女与奔走运动之政客是也。今政体为共和，则必设国会立议院，伴此而起者，则必有政客。政客以巨之权利为目的，而利用有力者俾为我用，势去则又顾而之他，实与游街之娼沿途拉客、迎新送旧、以求夜合之资者无以异。试以鼎鼎有名之政客唐绍仪言之。当革命之初，既鬻身于袁世凯矣，卒不安于室，为袁所弃，则之粤而合于岑春煊。已又被逐于岑，则更北奔求段祺瑞，纳入安福俱乐部。此与游街拉客之娼何以异耶？！忆辛亥冬，唐在上海投革命党之次日，予遇之于西人处，予面责之曰：君为大清臣子，位至二品，富有巨万，何莫非朝廷之赐？今负恩背义，何以为人？唐曰，君所言当矣，然此旧思想，不能行于今日。予曰，行义则荣，行不义则辱，烈女不事二夫，忠臣不事二君，此天下之通义，不论古今，不分中外，不能舍是理也。夫唐与予本旧交，平时颇负志气，至今乃不知顺逆荣辱之分，则西洋异学误之也。近代英国"路斯肯"有言曰：今日我欧美学术，大凡只足以误学者，使其全不知纲常伦理之为何物。今唐以美质而为异学所误，竟比伦于倚门之娼，然较之孙文、伍廷芳、梁启超、熊希龄辈悍然祸天下，而自以为得计者，尚有差。盖唐比之乡曲少女，以性好繁华修饰，致不知卖娼为辱，故竟堕落耳。予往在上海，见凤儒沈子培先生。问若梁启超者，尚可再登舞台否？沈先生曰，恶疮遍体，谁更悦此河间妇者。即段祺瑞瑞亦且唾弃之矣。今之论国事者，辄曰督军害国，固已知政客之罪更千百倍于督军。故今日之乱源不在督军，而当坐此无耻背义沽利竟乱、行类娼妓之政客也。故若今日无政客，虽有督军无能为矣。试问督军何以为督军，非今日所谓政府者卑之耶？！而今日政府之为何物，非袁世凯当日谋篡逆之机关耶？！今日之督军即利用此机关，内则勤捐于民，外则借债于各国，朘削国家之元气，以自私造洋楼，拥艳妾，乘汽车、殖货财。而所谓政客，实阴操纵之，所利又倍蓰，而国与民交病矣。简而言之，今日之中国，政府之垄断也；若国会若议院，则容纳娼妓之女闾也；若安福俱乐部与中外报界联欢社，则私国暗娼也；安福部则中国之暗娼也，中外报界联欢社，则外国暗娼。若所谓民国大总统者之果居何地位，吾盖不忍形容拟议之矣。故欲存今日之国，必先废督军。欲废督军，必先斥政客。欲斥政客，必先去共和政体而申纲常名教。非如此，国不可一日安也。客闻吾言曰：君所言诚当矣，但今日西洋各国，言政治但论利害，而不论纲常伦理。予曰：无纲常无教之政，必至于无政。前谓旧日本无律师，旧中国无政客，因旧日本旧中国有名教也。国家禁民为非，不恃律师之法律而恃有君子之道也（在日本，为武士道）。至立国行政，非恃政客所订之宪法而恃圣人之名教之大纲。何谓名教之大纲？则孔子春秋大义是也。此大义即中国与日本之真宪法，我东方文明之根本也。袁世凯者，万代不可赦之罪人也。以政客欺百姓惑人心，以叛兵胁朝廷国位，于是春秋大义亡。夫春秋大义者，我中国及日本人人知之。西人若欲明此义者，盖即西人政治家所谓正统之说，即我中国所谓名分大义也。夫欲治今日之中国，名分不正则令不行。而所谓名分止者，譬女子之为适室者，虽庸弱无威严，但恃其名分正，位乎内，家人臧获，靡弗敬谨受命。一家然，一国亦然。

譬之美国之共和，其总统真由民间选举，故名分亦不得谓之不正，名分正故号令行。今之中国号令何以不行？因袁世凯以篡逆得之，名分出于盗窃故也。自袁以后，以伪承伪，名分仍不正。何以言之？总统之选举非出真正之民意，乃合政客与督军，以诈力赚得之者。西友闻而诘予曰：今之中国总统之选举固非正矣，姑且须之，异日固得真正民意所选举之总统也。予曰此即过激派之思想，虚悬一异日之天堂，而民间固日日罹于锋刃，中国待将来之真正宪法、真正共和、真正总统，譬如河清之难俟。仆固任大学教授者也，今且二月不得修金，欲俟真共和之时代，仆之为饿莩盖已久矣。仆忆光绪戊戌，日本伊藤侯游中国。仆与侯言日本开国会及宪政事，侯谓彼同之所以决行国会与宪政者，盖鉴于相臣之结党揽权。予曰：固也。然有国会之必产出政客以扰国。已而政客果蜂起，伊藤侯乃苦志以图挽救，设政友会，冀化野心不合正轨之政客，而为公忠体国之政治家。仆不知其效之何如，然日本政客终不能为害于国家者，盖恃日皇有正大之名分故也。试观迩者日本议院之争固甚烈矣，政府乃得而解散之何也？名分正也。迩者中国之战，总统下令止兵，兵不可得而止何也？名分不正也。由此可见名分之正不正，其关系如此之巨也。今日日本天皇陛下年号为大正，盖正一己以正天下，有深意存焉。袁世凯之僭号曰洪宪，仆谓其年号当曰大歪。盖以不正率天下而陷天下于祸乱也。仆尝与东友言，贵国全国之国民应本大正年号二字，顾名思义，知日本所以立国之道，本我东方数千年来祖宗遗传之纲常名教，更当念同文同种之义，推广此旨，以与我国人士共维持此纲常名教，以申春秋大义于天下，俾乱臣贼子绝迹于天下，攘示标范于世界各国，此固我两国人士之大任也。仆于庚子后著《尊王篇》，其言曰，日本之与中国唇齿相依，更切于他国，日本若果本东方之大义，以与我国相周旋，以为各国表率，彼世界各国亦当相率而黜武力、崇正义。若用西人之眼光以视我国，则率不能得我之真相，交谊日凿枘，必不能得善果也。噫！须知日本今日之所以能立国者，而不受侵侮于外人者，盖由于维新之初士大夫能明尊上攘夷之大义也。夷者非黄种白种之谓，忘恩悖义之人如今日优娼政客、不知纲常之武人是也。优娼之政客，即孔子所谓乱臣；不知纲常之武人，即孔子所谓贼子。二者不去，不仅东方不安，环球亦无宁日矣。故孟子曰：孔子春秋成，而乱臣贼子惧。

中国古典的精髓

我曾在我那篇名为《中国问题》的论文中,就这么一个问题进行了论述,这个问题就是:中国文化的目的以及中国教育的精神就在于创造出一个新的社会。

欧美的很多无知之辈动不动就断言,认为中国的学说中没有"进步"这一概念。但是,我的看法刚好与此相反,我深深地相信,表现在中国古典学说里的中国文化的精髓正是这种"秩序和进步"。《四书》中有一篇《中庸》的文章,如果我将它译为英文那就是"Universal Order"(普遍的秩序),《中庸》中有这么一句话:

"致中和,天地位焉,万物育焉。"

所以,按照孔子的教义,即使将这句话解释成"文化的目的,不仅仅在于人类自身,而且还在于让一切被创造出来的事物都可以获得充分地成长与发展",似乎也不算怎么过分。难道从中看不出真正的发展以及进步的精神吗?只有先将秩序(道德秩序)确立,而后,社会的发展就会自然而然地发生,在无秩序(无道德秩序)的地方,真正的或者实际上的进步是不可能出现的。

欧洲人曾经犯过至今仍旧在犯的错误就在于,他们将道德秩序抛在一旁而去追求进步。这就如同建造巴比伦塔的古代人一样,他们一心想着将其摩天大楼式的文明一个劲地往高处建筑，却无视自然法则的存在，其结果正如现在我们所看到的，他们那种摩天楼式的文明正在一步步走向崩溃。

在中国古代的经典著作中，"进步"这个明确且贴切的概念俨然是存在着的，如果看一下《大学》便可以得到证明。

"大学之道，在明明德。"

这里所谓的大学，和理雅格博士译成的那个"伟大的学问"并不相同，实际上它所指的是一种高等教育。凑巧的是，法国的孟德斯鸠也讲过这么一段意义相同的话："我们学知识的主要目的在于增加我们本性的美好，并让我们变得更为理智。"

艾曼·艾奇·赫斯奇黑恩先生——纽约《国民报》的记者，在针对美国教育界的现状所做出的批评时说过："我有一个朋友，他在大学中担任教授。他曾对我说过这么一件事，他有一次向学生问道，为何他们对哲学，特别是对美国土生土长的哲学——也就是实用主义不太关心呢？学生回答说，哲学和人生的主要追求，也就是和对金钱的追求没有很大的关系，从中我们便可以知道，他们所认为的有价值的研究正是在于产业与工艺的东西那一面。"我们在这里就可以发现古代中国与近代欧洲在"进步"这个概念上所呈现出来的差异。

近代欧洲将进步的重点放在了产业与机械工业的发达上，而古代的中国则是侧重于人自身的进步。那种人的灵魂的、理智的进步，《大学》中特别强调高级教育的最终目的是创造出一个新的更加美好的社会。如果引用公元前1760年前后的成汤皇帝的《盘铭》中"苟日新，日日新，又日新"，就可以深入对《大学》的理解。

并且这段铭文是以文王所说的"作新民"结束全文的。这样一来，就不会再有人认为在中国的经典著作中没有进步这一概念的话语广吧。关于欧美各个大学高等教育的目的，年少时候的我不怎么清楚，以至于在当一个欧洲人问我，以后最好去做一个什么样的人的时候，我马上毫不犹像地回答说要当绅士。事实上，欧美各个大学教育的目的在于让人可以生存而不在让人们怎样去创造一个新的更为美好的社会，让人们如何在社会上谋取到一个职位，就是它所给予人们的教育。

伊顿公学校长奥斯卡·布拉马尼格先生在他的那本著作《教育论》中，有如下的文字："受过完整而良好教育的人在充满物质欲的财界里是无法找到自己的位置的。"我们可以想一下，一个受过完整而以好教育的人竟然在世界中无法找到自己的位置，那么，这是一个什么样的世界呢？由此我们就可以容易地看出欧洲文明的致命性缺陷在哪里了。

在古代的中国，受过完整而良好教育的人一定会在社会上获取到相应的地位。这是因为我们知道，无论怎么样，高等教育的目的也不单单是为了可以让人们获取如何生存的知识，并不是和爱默生所说的那样单单是"为了糊口"，而是为了创造出一个新的更为美好的社会。在本文的结尾，我要将我的看法再重申一下，在中国古代的经典著作里，"文明"的真正含义就在于"秩序与发展"，教育不是在于知识的积蓄而是在于知性的发达。有了知性也就可以有秩序，有了秩序（道德秩序），社会就会有进步，中国语言里的"文明"虽然没有确切的定义，但是从其文字构成去看，它是由"美好与智慧"组合而成的，也就是说美好与智慧的东西便是文明。

只有那些心胸狭窄、目光如豆的人才会认为中国古代的经典思想中没有进步的概念，并且西方摩天大楼式的文明才是唯一的一种最高级的文明。他们并没能完全地理解"进步与发达"的真正含义。没有将教育的目的放在社会的改造和进步的欧美教育中,这和那些用来培养汽车驾驶员的培训学校没有什么区别,虽然它培养出了驾驶员,但却没能培养出一个人格完善的人,没有培养出可以让社会得到真正的进步和发展的人。而从本质上说,一个不能让人们得到完整而良好教育的文明,是无法与中国的文明相提并论的。

何谓文化教养

敬爱的各位先生、女士们：

此次我受到邀请前往贵国做演讲，从刚开始到现在一直都受到了各方面人士的亲密而友好的接待，我对此衷心地感谢大东亚文化协会。

今天晚上我演讲的题目是："文化教养是什么？"另外我还要讲一下加强修养都有哪些方法，最后我将讲一下提高文化修养的必要性。

为了使大家能够理解我的演讲，我尽可能地把问题说得简明一些，与此同时，我也向大家介绍一下我是一个什么样的人，如果大家连我是一个什么样的人都不知道的话，那就无法充分理解我所讲的内容了。

估计大家还不了解，在中国，我的同胞不是太重视我的，并且他们都还非常轻视我，原因就是他们持有一种错误的看法，他们不知道我是什么样的人。就是在革命发生以前，中国政府也没有重用我。为什么会这样呢？因为我这个人有一个缺点，下面我就这个缺点给大家谈谈。

东方人普遍被称作一个讲究礼仪的种族。实际上意思就是指谦恭礼让，这一点不管是在东方人还是西方人都是承认的，只是我们东方人比西方人更为注意这一点罢了。

我的青年时代是在欧罗巴度过的，正是由于这种原因，我对东方人的礼仪并不十分熟悉，如果依照日本的说法，我就是属于较为"粗野"的人。意大利的大艺术家达·芬奇曾经用拉丁语对自己做出评价说："Defuit una mihisgmmetria prisca."这句话的意思翻译一下就是："对于我自己而言，我缺少了一样东西，那就是古代所说的礼仪。"而这个意大利大艺术家所说的话对我现在的情况来说也很适合。

今晚给有教养、讲究礼仪的各位做这个演讲，我有些担忧，我担心自己粗鲁的言词会引起各位的不满。故此，如果我有的用语不符合各位讲究的礼仪，那就请多多原谅了。

再来说明一下，在革命发生之前的中国，那些受到教育的绅士，依照日本的说法，认为我属于"蛮党"，因此不重用我。但是如今我的同胞，也就是新的中国人仍然不能用我。之所以如此，主要是由于他们不知道我的为人，他们认为我不仅十分保守，而且还非常反动，他们称我辜鸿铭是一个旧中国时代的人物。事实上新中国的这些人对我的这种评价是非常错误的，我并不像他们所说的那样带有旧中国的风气。希望今天在座的各位可以充分理解这一点。

对于今天演讲的这个题目，为了让大家理解得更为直接方便，我说一下中国几位最早受到欧洲教育的人，然后再去讲一讲如何去研究英、德、法、意四门语言的问题，并且稍微讲对两门古代语言：拉丁语、希腊语的学习。

大概我过高地估计了自己，我认为在对新事物的理解上，我的确比孙逸仙、顾维钧等人更为深刻一些。我既非旧党人士，也不是别人所说的新党，假如有人问我从属于哪个党派，我给出的回答就是："真中国党。"

在革命发生以前，我写过一本名为《中国牛津运动故事》的英文小册子，主要宗旨是要对外国人介绍那些支持中国现实改革运动的精神的、道德的以及政治的力量，为了使各位能对旧中国党、新中国党、真中国党这三党的来历有一个了解，我想仔细地谈一下我的那本拙著。

在长毛贼叛乱发生之后，中国的政治格局出现了一种内轻外重的势头，也就是指导民众开展政治活动的权力从北京的皇帝和满洲贵族手中转移到地方官员和总督那里去了。就像日本德川幕府时期的情景又一次在中国重演了一样。当时中国政府的权重之臣是湖南的曾国藩，他和日本的德川家康一样，是一个真正有修养的政治家。他不单是一个大官，而且还是一位学者，是一位学识、品德、权术全都具备的杰出人物。正是由于中国"幕府"的最初时代的权重人物是这么一位真正有修养的政治家，所以中国的"幕府"在开始时的运转状况还是比较好的，它也的确和长毛贼叛乱后的和平有序的大环境相适应。曾国藩去世以后，执掌幕府大权的是著名的李鸿章，他不如曾国藩那样有教养，而只是一个处理日常事务的大臣，作为一个具有官僚色彩的官员，他所具备的知识只能用来处理行政事务。

所以，因为支撑中国幕府大权栋梁的是李鸿章，一个没有真正的教养，也不是真正的政治家的人，中国的幕府政治就成为了一种寡头政体。而执掌这个寡头政体的党派集团，大家将其称为"北洋党"，又称作"直隶派"。它是由那些混账的、傲慢的、自私自利的寡头政治家们结伙组成的一个帮派。与此同时，李鸿章不幸地赶上了日清战争。实际上日清战争就是李鸿章的北京政府和日本的战争，而不是中国和日本的斗争，伴随着日清战争的结束，李鸿章的败落失势，中国的寡头政治在短时间内完全崩溃了。但是过了不久，袁世凯通过阿谀奉承满洲贵族，在光天化日之下又在天津重新建立起了幕府政治。

袁世凯的那个寡头政治集团不仅混账、傲慢，同时还是一群唯利是图的地痞流氓。他们的人生目标仅仅是吃喝玩乐，他们一个个腐朽透顶，丝毫也不为民众的利益考虑。

并且在袁世凯的旁边又聚集了一些受过不完全外国教育的知识分子。他们就如同在中国开放港口的那些二流的外国人一样对外国的情形大吹特吹，力争劝说中国采用外国的文物制度，从而去表现自己的能力和才干。

没过多久，辛亥革命就爆发了，于是那帮北洋派无耻地将皇帝背叛，十分卑鄙地投向了革命党门下，这就是如今中国的"旧中国党"的大概来历。

接下来，我再说一下"真中国党"的根源。

真中国党的开山祖师是已经故去的总督张之洞，他们是从日俄战争时期著名的"清流党"而来的，他们的首要目的就是要将权力从幕府政治和李鸿章的寡头政治那里归还到皇帝手里，同时还要将大义名分弘扬，将被李鸿章之流混账的、傲慢的、自私自利的大官僚败坏了的中国从堕落里面拯救出来。

然而，尽管经过了很长时间的努力，这些"真中国党"也没有将自己的目的实现。即使在日俄战争结束过后，李鸿章败落失势，张之洞一度将中国政府的实权掌握。我之所以声称我属于"真中国党"，就是因为我是列在"真中国党"的总领袖张之洞的麾下的，并且在长达二十多年里一直在辅助他的工作。

上面就是"真中国党"起源的大概情况。

最后,我说一说"新中国党"是如何得来的。这一党派最初的头面人物是人们现在依然不能忘记的,与其说是当时的风流人物,还不如说是当时臭名远扬的康有为。曾国藩是一个真正有修养、有品德的政治家,张之洞也属于这类人。但是康有为与他的党徒和这两大政治家完全不同。曾国藩、张之洞作为一个中国的学者是当之无愧的。但是如康有为那一类的人首先应当是一个"艺人",靠卖文生活,真正的艺人的确是依靠卖艺为生的,但即使这样,他们还是算不上杰出的艺人。如若说新加入这个集团的只是一些浅薄的新学徒的话,那么,康有为就是一个浅薄的旧学徒。他们非但不具备曾国藩、张之洞那样的品德教养,而且也不具备李鸿章那派别的行政才能,即便他们是在以改革者自居。

我们都知道,康有为、梁启超一派在北京发起政变之时,破坏了那些所谓陈旧的政治机构,搞了一项如同纸老虎一样的脆弱肤浅的改革运动。中国现在的革命也和这个相差无几,尽管其势头非常猛。这一年的秋天,已经年老隐退的慈禧太后又重新上台,实际上是从她皇帝外甥的手中将权力夺过来,把那些貌似强大有力的改革派全部给流放了。

虽然康有为一派称自己为"新中国党",事实上,倒不如称他们为"吹牛党"更为恰当。

拳乱之后,以孙逸仙为将领的、应该称作"乱嚷党"的新团体在中国各地蓬勃发展起来,在皇太后驾鹤西去、真中国党的张之洞故去之后,"吹牛党"与"乱嚷党"便结合在一起,自诩"新中国党"。

革命发生以后,"吹牛党"与"乱嚷党"联合起来,似乎看上去声势很浩大,但事实上对当时政府也没有形成严重的威胁。但是由于袁世凯及其北洋党的残余分子们的自私利己、卑贱的劣根性以及背信弃义等等，就导致了中国的君主政权的灭亡，接着就在中国实行起了所谓的共和制。然而，从事实上讲，与其说是中国实行了共和，还不如说是中国从此以后就陷入了黑暗和混乱之中。这些就是那个所谓的"新中国党"的历史了。中国三党的来源也就大概如上面所述。

旧中国党将本部设在了北京，但是由于他们是一个停滞不前的政党，所以，最终的结果就是解体。新中国党占据了广东，由于他们是一个将一切都大肆破坏的政党，所以他们最终也就是一个发动暴乱的激进党罢成不了多么大的气候。

而那个真中国党也没有什么希望可言，自从张之洞死了以后，这个党派就成为一群乌合之众，没有人可以统领大局。那个可以统领真中国党的人物，一定得具备曾国藩、张之洞那样的品德和教养，但是我四处搜寻，还是没有看到一个有足够教养的人物，也没有一个能统领真中国党的人物。我对此感到十分遗憾。现在开场已经讲得太多了，恐怕再讲下去就会喧宾夺主了，我已经将这三派大体的来历讲完，下面我具体讲一讲今晚要讲的正题，也就是"教养"是如何的重要。

掌握中国幕府大权的曾国藩，之所以可以让中国恢复宁静和秩序，是由于他具备真正的教养。而从另一方面，也是缘于李鸿章之辈不具备真正的教养，而仅仅是一个大的官僚而已，没有什么明确的政策方针，遇事又随遇而安，反而又让中国陷入到停滞的状态之中。正是由于要反对这种停滞的状态，中国的革命才接连不断地爆发。李鸿章之辈的愚蠢与刚愎自用，致使发生了两次对外战争，给中国造成了深重的灾难和苦楚，对于已经发生过的那两次战争，李鸿章之辈负有直接的责任，特别是和贵国之间发生的那场战争，致使中日两国一同维持东方和平的努力受到了挫折。

下面，我们对"什么是教养"这个问题进行讲解。一句话，教养就是有知识。但是，这里所说的知识是怎样的知识呢？从另一种角度去理解就是，为了能具备教养，我们应该知道什么知识呢？英国著名的批评家马太·诺德说过：了解自己并且了解世界便是教养。然而，单单就世界来说，世界上的知识有许多种，究竟什么样的知识才能将自己的教养提高呢？即使是小学生也懂得世界上有五个大洲。但是很显然,仅仅明白这一点是不够的,为了将自己的教养提高，不仅要通晓世界地理，还要通晓世界历史，不仅要知道报纸上所说的当今世界的现状，还要知晓世界过去的状况。并且仅仅这样还是远远不够的。如同孔子所著的《论语》、《大学》等著作一样，说明有教养的人所拥有的知识并非是那种暧昧含混不清的知识，而是一种系统的、科学的知识，它是经由"格物"而获取的知识。所谓"格物致知"的"物"便是和存在相关联的，脉络清晰的科学知识，在汉语里"物"的意思，不单单是物质性的事物，它含有两个方面的内容，即物质和精神。意思就是说但凡存在着的一切便是"物"，物"也就是一切的存在。就像孔子曾经说过的"不诚无物"，将这句话翻译一下其意思就是"如果没有诚意，也就没有存在着的任何事物。

故此，我们所说的真正的教养，指的是对整个世界，即对存在着的一切所拥有的系统的、科学的知识。下而将要谈及的问题是："存在到底是什么？"我们中国人将存在——也就是存在于宇宙之中的万物划分为三大类：天、地、人。如果借用一下英国诗人华兹华斯的话那就是"神、自然、人生"。但是,如果它的含义仅仅指的是天空、地壳、人类的话，就没有丝毫意义了。我以为中国的"天地人"和华兹华斯的"神、自然、人生"是相对应的。对此,我将引用一下《礼记》上的三句绝妙的语言,也就是"天不爱其道,地不爱其宝,人不爱其情"。从这一点上,我们就可以理解到天、地、人之间的真正区别所在了,它并非是复杂地、全无意义地去将天、地、人做一个简单的划分,所以,依照中国的哲学,存在着的万物可以分作"天、地、人",也就是"神、自然、人生"三大类。真正有教养品德的学者,按照中国人的立场,就必须对"神、自然、人生"有一个透彻的理解和领会。上面所说到的"儒者通天地人",它的意思是说真正的教养品德就是充分地理解领会神、自然、人生。如果按照西方的说法那就是,假如一个人不具备真正的、历史的、宗教的、科学的知识,那么他无法算得上是一位学者。

总的来说,真正的教养品德,即文化教养就是关于存在的整理清晰的科学知识。而存在则是由"神、自然、人生"三大部分组成的。

下面我将进入今天晚上演讲的第二个问题,即如何才能提高个人的教养。在讲这个问题之前,我打算将中国文学和具有真正的教养内涵的西方古今文学之间一个巨大的区别指出来。西方文学给人们讲授的是关于神、自然、人生三方面的科学知识,用现代的话语来说就是教授给人们宗教、历史、科学方面的知识。可是在中国文学例如孔子的书中,它就如同是一所已经建成了的房子,而西方的古今文学却好像是一所还处于建设之中的房子。已经建好了的房子是由一些必需的建筑材料构建成的,而正在建设之中的房子只是由一片必需的建筑场地和一个用于建筑的框架构成的。至于这个框架方面的知识,打个比方来说,宗教就是有关神的学问,比如哲学、神学之类。科学就是有关自然方面的知识,是由数学一类的东西组成的,我们将这些称作"器物之学"。但是在中国的文学里,比如神学、哲学、数学这样的东西却基本上不涉及。

下面讲怎样才能将自己的文化教养提高，为了节约时间，我只是简单地从三个方面讲一下。

如果想要将自己的文化教养提高，那就必须要从下面的三个方面去努力，也就是：

首先是要清心寡欲；其次是要懂得谦恭礼让；再次是要过一种朴素的生活。

孔子说过"十五而志于学"，他表达的就是有志于教养的修得。如果一个人想要提高自己的教养的话，那就要专心致志地将一切杂念摒除，努力去下苦功夫。汉代有位大学者曾经说过：

"正其谊，不谋其利；明其道，不计其功。"

这句话传达的意思是，为了将正义的道理穷尽，是无需考虑其效用的，为了明晓正道，是不需考虑什么利益的。所谓的教养也就是指所学到的东西必须要去为民众服务。比如说军人，他们为本国的名誉而战是理所当然的事情，而一旦身为宰相就应该为本国的民众谋取福利。一个修身养性的人就应该去专心致志地思考教养问题，除此之外不应该有任何一点杂念，孔子说过"有教无类"，说的就是不考虑教养之外的东西。这也就是上面所说的清心寡欲的意思。

真正拥有修身养性志向的人，现在只是少数。主要原因就是人们认为修身养性是件容易的事情。但是在我看来，这不单不是一件容易的事，反而是件十分困难的事。孔子在《大学》中说过"止于至善"，同时前面提到的那个英国批评家阿诺德也认为，"教养源自于对至善的爱"。我所指的教养包括各个方面的内容。因此我们应该知道教养的养成是件难之又难的事。如果知道了这个道理，那么我们就会变得谦虚。德国的大诗人歌德曾经写过一首诗歌，其中有几句是这样描述的：

Das wenige verschwinder gloich dem Blick,

Der vorwarts sieht,

Wie vielnoch uebrig bleibt.

它的意思就是："将那些我们现在已经做完了的事和我们将来必定要做的事相比，不得不感到一阵阵空虚，在广袤的宇宙面前，人真是显得太过渺小了。"

《书经》上也说：

"惟学逊志，务时敏，厥修乃来。"

而我所说的谦恭礼让也就是这个意思。

最后，我要说一说朴素的生活。我在三年前曾经做过一次演讲，那时候是在北京英中协会，当时我说道，真正的中国国民必须拥有保持自己国家的特性，在道义上，也必须拥有自己国家的国民性，为了将这个国民性保持下去，我们一定要坚决地将我们所建构出来的文明理想予以捍卫。

我们东方人的理想和西方近代文明的理想究竟有何不同呢？

可以将近代西方文明的理想说成是进步、进步、再进步。它所说的进步就是不断地将生活水准提高。美国人之所以敌视我们中国人与日本人，就是由于他们认为我们对他们那种文明的理想就是提高生活水准不能理解。

但是，我们东方人的文明理想是一种朴素的生活以及崇高的思想。即使我们东方人一无所有，也不愿摒弃我们理想中的朴素生活以及崇高的思想，不愿意臣服在西方人所谓的进步面前。

现代西方人认为我们很难被他们同化，因此而排斥敌视我们。但是，我想在场的各位是一定不会将自己的理想抛弃而去一股脑地接受他们的东西的。

我曾经很多次对来到中国与日本的外国人说过这样的话，意思就是，他们将我们说成是一个落后民族是十分不应该的，这是因为，我们东方人虽然过着一种近乎原始的朴素的物质生活，但是却使自己的文明提升到了西方人原先达到过的文明最高峰。难道这不是人类文明史上一件令人惊异的事情吗？

过去，我在欧洲的时候，对希腊文明也做过研究。欧罗巴文明发展的最高峰是在希腊时代，而现代日本拥有的文明即使不能说优于古希腊的文明，起码也不会比它们差。虽然日本人啃着萝卜根，住着简陋的小房子，他们依然还是优秀的国民。这一点恰恰就证明了我所称的朴素生活的重要性。

最后，我说一下我们"提高自己的教养的必要性"这个问题。如前面我所描述的，因为李鸿章不具备真正的教养，让中国陷入了一种停滞的状态。这也直接造成了今天所发生的中国革命，造成了当今中国的混乱状态。单单从这一点就可以知道，教养对一个人而言是多么的重要。如果依据我的说法，什么战争、革命、混乱，要想知道其中的原因，最重要的就在于一点，就是缺少教养。为什么会有战争？是什么导致了革命？是谁造成了混乱？这并不是因为人类走向了堕落，而是因为人们都不知道该如何去生活。现在的人们，特别是西方人知道了该如何去工作，他们在这一点上比其祖先要进步了很多，但是他们依然不知道该如何去生活。

那么，我们怎样才能知道该如何去生活呢？我觉得所依靠的只能是真正的教养。教人像机器、木偶一样地活着并不是真正的教养，真正要教给人们的是作为一个真正的人应该通过什么样的路径去生活。我之所以说的教养对于人生十分必要，其原因就在于这一点。

在即将结束这个演讲的时候，我还想讲一讲，这次我来到日本看见日本拥有"大东亚文化协会"这样的团体，真是很高兴，它是日本的卓绝之士开拓日本以及东亚未来的产物，他们也不曾去施行什么重商主义、产业主义以及军国主义。这也是孔子所主张的"以文德立国"的表现。正如孔子所说过的，"远人不服，则修文德以来之。"我希望日本在处理和别的国家的关系时，不要凭借武力，而是去用文德将国威弘扬。

日俄战争的道德原因

统治者，且听着，请明察：

日俄战争发生的道德原因。

孔子曰："人皆曰予知，驱而纳诸罟擭陷阱之中，而莫之知辟也。人皆曰予知，择乎中庸，而不能期月守也。"

上文所包含的意思是说，当一个人、一个民族或者是多个民族的事务陷入困境的时候，对于这个人、这个民族或者多个民族而言，只有一个正确的摆脱方法，那就是将其道德本性的中心线索以及平衡状态找到，从而将他们的真实自我寻回，通俗一点也可以这样说，去恢复他们心境的平衡，保证做到对他人的评判不偏不倚。如果一个人、一个民族或者多个民族将要做到以及能够做到这一点，其他的所有事情就能够迎刃而解了。

为了将这种道德上的寓意说清楚，我将不惜冒昧地去举那场不幸发生的、现在仍在进行着的日俄战争所导致的事务僵局为例子，对这件事加以分析。我希望这不会让任何一个民族的感情受到伤害。

我坚信，当前世上任何一个有头脑的人——甚至是日本以及俄国的那些受过教育的人，在他们的内心里，肯定都在期望这场糟糕的、让他们的同代人遭受到这么多灾难和痛苦的战争赶快结束。我更为坚信，除去那些完全意义上的魔鬼的化身外，没有任何一个人想要看到这种灾难与痛苦再多延长一分钟。但是根据我所知道的，除了托尔斯泰伯爵自己之外，还没有什么人公开给出终结这场不幸战争的唯一正确的方法。我之所以相信并认为托尔斯泰伯爵提出了终结这场不幸战争唯一正确的方法，是由于他在圣诞献词的时候，想到了一种真正的儒家办法并将其提倡，一种前面我们已经引用过的孔子那段话中所给出的办法。托尔斯泰伯爵要求过（并且现在还在要求）整个世界、他本国的人民以及日本人要好好地对自己进行反省，或者换一种说法，如同孔子所说过的那样，找回到那个真实的自我，也就是恢复心理平衡，并且保持自己判断力的公正。

这里，我要给大家指出的是，对日俄民族以外的世界而言，要想反省自己、找回他们那个真实的自我、恢复心理平衡以及公正的判断，相比较说来还是容易一些的——托尔斯泰伯爵自己就很容易地进入了退隐西山的静谧之中。但是我认为，恐怕连托尔斯泰伯爵本人都没有很充分地认识到，在当前复杂的事务困境中，让俄国人民去做到这一点是如何困难的一件事！同时对于日本人民而言，他们要想真正做到这点那就更是难上加难。

的确，如果一个人保持了内心平衡和评判的公正，一定要能够发现并且敢于承认，要让俄国人民真正做到这点是非常困难的。他们现在正处于最近战场失利所造成的痛苦里面，这是他们自己知晓并且强烈感受到的，这就是他们缺乏对战争准备的后果，此外，正如我将要进行说明的，也因为在他们自己那方面，对日本民族而言压根没有什么邪恶的企图。所以，我觉得，在当前这种状况，要让俄国人去进行自我反省，去找回他们那个真正自我或者是恢复他们内心充分的平静和冷静公正的判断,从而去思考如何让当前这场不幸战争尽快结束的可能办法,都是非常困难的。

但是,如果说让俄国人做到这一点是非常困难的,那么我觉得,在当前的局势下,让日本人做到这点就更加困难了。甚至还可以说,它是一件根本做不到的事情。为什么这样说呢?是由于其中存在着一个现在还不被世界所知的道德原因。我冒昧地说一句,假如俄国人——热情而慷慨的俄罗斯人对此稍稍有点领悟,也就根本不会发生战争——也就是当前这场不幸的战争。

那么我们现在来分析一下其中的原因,这个让日本民族在当前事态中很难保持内心平衡和判断公正的道德原因。实际上,到现在为止,日本民族在保持内心平衡和判断公正上,相比较而言做得还是不错的,也正因为这样,他们才在最近的战争中获得了胜利。从这一点来看,也表明了日本人民的道德水平和文明程度是十分之高的。我之所以认为日本人民很难保持内心的平衡及判断的公正,是因为不单在当前这场战争、在这场一个比较弱小的民族对抗一个强大帝国的战争中,而且在最近的五十年之内,日本整个民族为了一个所谓的宏伟目标,已经付出了惨不忍闻的、让人心痛的代价。

那么,这一原因究竟是什么?让日本整个民族在近五十年内为它付出了惨痛代价的宏伟目标又是什么?而对于这种代价,那些卑鄙并且没存头脑的欧洲人对他们冷嘲热讽,但是有头脑的欧洲人则是用一些微小的赞扬对其加以贬低。甚至有的时候连我自己也曾经困惑不解,想要责怪那些对这件事负有不可推卸责任的日本政治家,并且因为这件事而对其一直心怀愤懑。所以,究竟是什么原因促使日本民族付出这样的代价:将他们那年轻、弱小的日本少女送出,正如我们所见到的,她们并不是像露斯那样挺立于其他国家的土地之上，而是如同斯潘塞的乌娜一样，徘徊在充斥着野兽与衣冠禽兽的中国海岸边？究竟是什么样的宏伟目标让这些世界文明的绚丽之花——那弱小、温顺、纯洁、敏感的日本少女付出这样的牺牲，被逼漂泊、流落在香港、天津、山海关、旅顺港，去出卖她们的贞洁，并且遭受贫穷与痛苦的折磨呢？这种贫穷和痛苦，对于妇女的任何一种天性而言都是一种伤害与摧残，尤其是对那些敏感的女人。更不要说那些高度优雅、敏捷以及具有艺术气质的日本妇女了——贫穷和痛苦曾经使她们一度绝望，甚至让她们发疯，但是幸亏她们具有一种优秀的道德品质，所以也就不曾受到太大的伤害，一个典型的日本妇女，她身上的那种温顺、真诚、勇敢以及温柔的女人德行，并没有由此遭受损害。与此同时，又是什么缘故，让那些娇弱、瘦小、恋家的日本青年偷偷地躲进轮船，前往美国去学习英语的呢？最后，又是怎样的宏伟目标，让那些居住在香港四楼一间小屋中的年轻并且贫穷的日本姑娘（这是日本学者冈千仞在其《中国游记》里所提到的），出自本能地，凭借一种真正日本女人具有的本能，把费尽千辛万苦赚来的一点施舍费邮寄给她那年幼的弟弟，只为让他可以去学英语呢？

　　这个让日本全民族——包括男人、女人与孩子们在近五十年的时间里来为此付出了惨痛代价的伟大目标，它就是：要让那些半受教育、半开化并且坚持要到日本与中国的欧洲人；那些推崇残暴武力和比推崇残暴武力更加低级的推崇金钱的欧洲人；那些心中以为如果没有上帝、政治版图、没有道德，就可以不承认抑或不害怕道德法律，除了凶残的武力以外什么都不害怕的欧洲人——让那些现代的欧洲人，假如他们一定要来日本与中国的话，那么，在看待日本人与一切他们称作亚洲人的人的时候，请携带道德法律所要求的一切尊重；不是依据他们的肤色，而是依据他们作为人类所拥有的道德品质去辨识他们。说得更明白一些，就是要让在日本与中国的每一个欧洲人，如同对待那些血气旺盛、罩有蓝色面纱的欧洲白人妇女一样，以相同的尊敬去对待这些最贫穷的日本与中国的妇女。这就是其本整个民族作为一个尊贵的殉难者，在最近五十年的时间里为之付出惨痛代价的伟大目标。

在这里，我必须恳切地请求我那勇敢的日本兄弟，当他们看到以往与现在的痛苦——看到他们自己的民众为了这一宏伟目标而付出的惨痛代价的时候，不要让其感情失去应有的控制。要知道一切心灵高尚的人，即使是欧美人，同样同情过并且现在还在同情着他们。而且，一旦我那勇敢的日本兄弟懂得并且保持了心理的平静，能够较好地维系心境的平衡、保持那种充满自信的平静的话，那么，不但他们为之奋斗的宏伟目标能够实现，并且他们将很容易战胜任何敢于反对这一宏伟目标的民族抑或是国家联盟，孟子说过："仁者无敌。"

下面，我暂时将话题中断一下，我想借这个机会解释一下我在其他地方使用过的一个科学术语。遗憾的是，我在这里可以指出，当我试着运用我所有的天赋、将脑心一块使用，考虑如何借用一个真实、准确并且科学的术语之时，那些只是简单地用脑袋思考的人们却时常错误地使用着那些浮夸的带有修饰性的语言，或者就像他们自己说的一样：使用一种唯情论语言。他们不懂得语言要想与科学规律中的真正精确相符合，就必须是要将脑和心共同作用。我在这里想要解释的术语是"魔鬼的化身"。我所指的这个"魔鬼的化身"，是如同那个写过名著《茶花女》的法国佬那么一种类型的人。我觉得，如果你想比较准确与科学地描述这样一种人的话，唯一可以使用的真实、精确、适合科学的术语就是"魔鬼的化身"。从它里面，你不但可以发现卡里班那粗陋丑恶的感官特征，而且还能发现靡菲斯特那不健全的、畸形的、衰老虚弱的智商。从这类人的身上，玛格丽特清楚地知道了恶棍的真正标志，她说过："从他的面部神情可以发现，他一生从来没有爱过任何一个东西。"如今，如果有人想要检查以及了解自身的德性状况，我想这本书可以作为他灵魂的识别器或者标尺。只要是在读这本书的时候可以感到一种愉悦或者欢愉之情的人，可以肯定的是，他身上已经具备了恶棍的真正特征，除非他马上去看道德医生，否则的话就没有希望治愈，用现代科学的术语来讲，即诸如适者生存一类的法则，也就是说他并不适合于生存。与此相反，只要是道德正常有序的人，在读这本书的时候，他必定会感到厌恶以及恶心，而且他的道德状况越好越健全，他就会有越强烈的厌恶感。确实，如果有人想让我用自己比较有限的欧洲文学知识，去为一本代表欧洲文明最低层的书命名的话，我肯定会去毫不犹豫地用《茶花女》这类书为它命名。在欧洲的知识阶层中，如《茶花女》一类的书竟然能够成为一部世界性的名著，这确实可以说是欧洲的文明或者说是道德教育普遍衰落的一种让人担心的标志。

在这里，我想涉及的更远一点，像埃德温·阿诺尔德爵士与培根小姐（书作《日本的姑娘和妇女》的作者）那样的男人与女人，他们对日本式妇女的陶醉和迷恋，恰恰是那种被称作天性或者已接近极限的道德本性的真正标志。世界上任何一种伟大而悠久古老的文明都产生过一种优美的妇女类型。实际上，妇女就是一个民族的文明之花。比如犹太或者说希伯来文明中产生过黛博拉与露斯；希腊文明中产生过伊芙琴尼亚、珀涅罗珀以及安提戈涅；罗马文明中产生过科尼奥兰勒斯的母亲与妻子，而莎士比亚用他的笔对她们所做出的描绘，强过历史上出现的任何一幅画卷。意大利的基督教文明在它们最佳的时期，产生过佛罗伦萨花园中的太太与小姐们，那些像但丁笔下的比阿特丽斯与薄伽丘笔下的女人一样的人。英国的基督教文明在它最佳的时期产生过莎士比亚戏剧中所描述的那种光彩照人的妇女们的形象。甚至是作为基督教文明的再生果——美国的"五月花"的清教主义，也在它们强盛的时期产生过如同玛格丽特·富勒那样甜美的波士顿姑娘。最后，我想要说明的是，当前欧洲文明的衰落与退化，在那些被称为社交妇女一种强壮的、男人气十足的女人们身上，得到了最好的诠释——在中国，这些爱管闲事的外国太太们正在忙于将中国美丽的小脚女人（由于艰苦的生活环境，中国妇女必须裹住脚，进行自我保护，才不至于去过度劳作）改变成和她们一样健壮的、男人气十足的妇女。

在这里，我想借用这个机会，恳请我那日本兄弟竭尽一切可能去将他们神圣的东西保住。旧日本的什么东西都可以被欧化，但是独独有傻瓜与像日本式妇女这样的东西不能被欧化。我对伊藤侯爵很尊敬，他在武昌的时候曾经告诉我，他在日本提倡了妇女的服饰改革——但是我想要冒昧地说一下，日本民族不应该让像伊藤侯爵这样的名人功臣，用他那不怎么圣洁的手去干预妇女的服装改革。这是因为，日本妇女的服饰和她们自我及天性是不可分割的一部分。她们的服饰具有最为完美的轮廓与样式，其颜色浑然天成，这是其完美的情趣与得体风度的外在表现，事实上，也就是她们完美特质的有机构成部分。

就像我所说过的那样，妇女是民族道德文化或者文明的花朵。人们或许还能记得，很多外国驻华使节夫人们是那样地欣赏中国皇太后（这里是指慈禧太后）陛下那完美的风度。这位皇太后正是满族文明的花朵，也可以说是满族统一中国以后的中华文明的花朵。正是缘于满人有着更好的文明，有着受到外国公使夫人们赞赏的那种文明之花——或者更为准确地说，有着比汉人尤其是明朝末年的汉人更高更好的文明水准，所以能将中国征服的只有这些游牧之民，并且他们最终成为了中华帝国的主人。

如同皇太后陛下是满族文明的花朵一样，日本式妇女也是日本文明的花朵。我愿意在这里指出，今日的日本文明，它是原初的、真正的中国文明——是一种真正的儒家文明，它的根源，存在于我现在正在翻译的那本书里面。今天中国真正的中国文明或者说儒家文明，其文明的艺术以及精致，用我们中国与日本人的话来说的话，便称作"文物衣冠"，而非现代日本人发明的那个所谓的"美术"，"美术"这个词既非中国的，也非日本的——所有的这一切，在元朝统治中国时期以及在此之前的蒙古游牧民族的铁蹄践踏之下，都丧失了它们真正的以及最初的特征。的确，那股突然兴起的狂风恶浪吹覆了成吉思汗用于进攻日本的庞大舰队，那种情况真是有如神助，从而在这块山清水秀、阳光明媚的日本孤岛上，一部分真正的中国或者说儒家文明得以挽救和保持，这就仿佛是上天故意让我们一直到今天还可以看到儒家文明的真实图景一样。一句话，在今天的中国，可以说这种真正的儒家文明或者说道德文化正在处于一种衰退的状态，恰恰相反，在日本，它却正在处于强盛的时期。我们由此可以看出，真正原始的中国或者儒家文明之花实际上是那种地道的日本式妇女。在这里，我还能够深入地指出，日本德育家贝原的女子大学，从本质上说就是进行的完全的儒家教育。

下面我们还是接着回到正题上来。忠诚的英国海军舰队司令（即西摩尔）对于他的军官们曾经对义和团小伙子面对着欧洲人的枪口毫不畏惧地疯狂冲击而感到十分惊异。如今，俄国的库罗伯特金将军以及他那些勇敢的军官们，却面对日本军队的疯狂——那种狂热的、不怕死的勇猛而感到诧异。但是西摩尔将军以及其军官们却不知晓在中国境内的中东铁路上所雇佣的混杂的欧洲人是怎么样对待中国妇女与中国姑娘的；库罗伯特金将军和他的军官们也不清楚在俄国监控下的满洲铁路沿线上，在旅顺港、大连，俄国人是怎样对待那些代表着世界文明最绚烂的花朵的日本姑娘的。但是在这里我必须要公正地指出，据说在野蛮地对待妇女上，俄国人还不算是行为最恶劣的，最恶劣的是其他欧洲国家的那些下贱的货色，主要是那些法国人与德国人，不过话又说回来，俄国政府应该对他们在占领满洲过程中将其雇佣负有很大的责任。

希望我已经把我想要说的观点表达明白了。这就是，日本民族已经为这个奋斗的宏伟目标付出了代价，并且至今仍然在为之奋斗，他们的目的是想让欧洲人像对待欧洲白人妇女一样去对待那些可怜贫穷的日本女人。简单一点说，他们是想让欧洲人尊敬日本妇女，尊敬那些日本文明的花朵；或者换句话说，是想要让欧洲人去尊敬日本文明，就像我所说的一样，尊敬那种原初的真正的中国文明，或者说儒家文明。

我在原先写过的一部书里，曾经恳求日本民族将他们的欧洲眼镜抛开，用他们自己真正的日本眼光去对待和理解所谓远东问题的真正原因。实际上，我上面谈到的那种宏伟目标就是这个原因的根源所在。这一目标就是我在《尊攘纪事》这本书中读到的，日本学者冈千仞写了该书，在前面的文章中我们已经提过他了。这一目标就是已经逝世的日本天皇陛下，也就是现在的日本天皇陛下的父亲在1854年祭告祖先（即告七庙）的时候宣称要捍卫的，他在号召日本民族要团结在他身边的时候使用的是中国与日本的骑士们共同的口号，那就是"尊王攘夷"。

在这里我需要进一步指出的是，这同时也是中国的皇太后陛下向康格夫人和别的公使夫人们使用"中外一家"一词相互呼吁的目的。当她的呼吁没有起到作用时，便去呼吁中国的浪人、义和团拳民们团结在她的身边，用来保护那些受到欧洲在华的无赖流氓们凌辱的满族妇女们，保护那些受到铁路上所雇佣的欧洲人蹂躏之下的中国姑娘们，从根本上说，也就是捍卫我们中日双方共同的文明目标。最后，我想要指出的是，这同时也是美国海军准将培理——那个日本人觉得他正给日本带来新的幸福，并且想要给他立碑的美国人——在1853年所宣布的来日本的宏伟目标。简单地说，在最正确、最广泛的意义上讲，远东问题的真正原因，如同我所说过的一样，日本整个民族已经为之付出代价并且现在还在为之奋斗的宏伟目标，就是以更强大的物质力量，让那些拥有战舰、机枪以及立德炸药的欧洲民族，让那些欧洲人，可以像兄弟一样地去看待、对待那被他们称作亚洲人的人，或者如同中国的皇太后陛下所讲的那样做到天下一家，将他们看做是这个大家庭的成员并以这种身份来对待。

实际上，关于远东问题的真正问题就在于此。只有当欧洲民族，当那些对欧洲各国政府负责的人们信奉上帝与良心，并形成这么一种局面，那就是那些前来日本与中国的欧洲人，他们能够像对待兄弟一样对待和看待被他们称作亚洲人的人，实现在上帝和道德法则面前人人平等，只有并且除非真的到了那个时候，才能得到一份满意的可以将远东问题解决的答案。每一个人，不管他的地位如何低下，只要他可以帮助上面所讲的那种局面的形成，他就对解决远东问题做出了贡献。与此相反，不管他是如何的聪明智慧，即使他有可能提出金本位或者诸如此类的改革方案，并且做出很明智的同盟选择、提出强有力的满洲政策——只要他的工作和实现上面所说的那种局面相违背，其结果就是他只能将远东问题弄得更为糟糕，以至于这个问题无法得到解决。

在前面我所提到那个关于中日骑士们共同的"尊王攘夷"的口号，经过英国诗人丁尼生的阐述解释之后，它同时也变成了基督教骑士的口号。借这个机会，在关于我们和大英帝国所签订的条约中被禁止用到的那个"夷"字的意思上，我想解释一下。我想要说明的是，从中国和日本所使用的"夷"字本身的含义来看，它不仅不是传教士所说的那样，一切日本人与中国人都属于夷人，同时也不是说一切英国人都属于夷人。那些尊贵的在中国人和日本人需要帮助的时候给予他们帮助的欧洲人，那将其一生中最美好的时光奉献出来让日本民族得到今天地位的欧洲人，那些不久前死于日本运输船中的高贵且勇敢的英国人，全部这些欧洲人都不属于夷人。在这里，我想要指出的是，所谓的夷说的就是例如美国驻福州领事那样的人。当一个美国船长开枪射击一个中国人的背部，导致这个中国人差点死亡，他却只给二十美元作为补偿，而那位美国领事在这时却责骂这位船长不应该给这个中国人这么多钱，责骂他是一个大傻瓜并大声责问道："为什么要给他这么多钱，他仅仅只是一个中国人呀！"我最后要说的是，真正的夷人是那些凭借种族洋洋自得，凭借财富自高自大的英国人与美国人；是那些只推崇凶残的武力，恃强凌弱的法国、德国与俄国人，是那些不清楚什么是真正的文明却依然以文明自居的欧洲人。还有那些人们所无法想象的、不知道什么是真正的基督教却公然以基督教自大,歧视那些乐意嫁给卑贱、穷苦的中国教师的欧洲年轻女教士,并且将她们从传教机构中开除的欧洲传教士。对于真正的夷,在这里,我想有必要做一点补充,是那些骄傲自大的儒士,例如康有为和他的日本门徒、如同星彻那样所谓的改革家——他们之所以仰慕、崇拜并且欣赏欧洲人,并不是因为他们自身有多好,而是因为他们大、富、强。实际上,既有黄夷人也有白夷人,这就好比有白夷人也有黄夷人情况一样,因此孔子便说:"有教无类。"

我现在已经为我在这篇儒家方法的解释中想要说明的观点铺平了道路。我说过,对于这两个国家的人民而言,要想中止这场不幸的日俄战争,思之再三是唯一的正确出路,将他们失去了的真正自我找回,并且恢复他们心灵的平静与判断的公正冷静。为了实现这个目的,我将冒昧地给日本人面呈三个事实,在俄国人面前呈现两个事实。当他们双方都充分地恢复到心灵的平静与判断的公正冷静,以至于能够正面地对待我将摆在他们面前的这些事实的时候,他们就能够领悟到双方实际上都已经成为了那种恐怖误解的受害者。

我想要呈现给日本民族的是下面的这样则事实:

事实一

我要摆在日本民族面前的第一个事实,是日本这个民族经常戴着外国眼镜去看待这些问题,他们完全错误地理解了俄国人民的品格,这是一种彻底荒谬的看法。现在最流行的是说法是,认为俄国人民品格一般是恶毒、狡诈和自私。正如人们从欧洲和日本的报纸以及一般文学作品中所看到的那样。下面我将用三个合格的证人,来证明一下俄国人的品格，俄国人的真实品格与现在流行的观点恰恰相反。

我要传唤的第一个证人是一个单纯、未受过教育、质朴的虾夷人。从我的观点看来，只有那些没有完全开化的人，他的证词才更具有价值。因为他的陈述受世俗成见很少，没有事先就有的偏见和虚假的话语，所以我们从他那单纯而质朴的眼睛，反而能够清楚地看清事物真正的本质。日本一个早期作家林四兵卫，我在《神户记事》的最近一期读到的，他曾经说："虾夷人和俄国人通过日常接触，从俄国人那儿得到了胡椒、白糖和布匹等物品。在虾夷人的语言里面，俄国人被称为Hori shii Shiyamo，翻译过来就代表'红色的好人'。"林氏解释虾夷人称俄国人"红色的好人"的原因就是因为俄国皇帝命令本国国民必须身穿红颜色的衣服。

我要传唤的下一个证人，和那些单纯尚未开化的虾夷人正好相反，她是一个在性情和生活状况上具有优越感的人。她是欧洲最富有文化教养的智者：俄国女皇叶卡捷琳娜二世。她具有的德国血统造就了她深沉的性格，十八世纪法国哲学家文化——欧洲最好的知识文化，又赋予了她一种清澈、灵敏和明了的眼光，她深思熟虑地评价了俄国人的品格："世界上再也没有一个比俄国人更果敢，更坚定，更人道，更真诚，更慷慨，更仁慈，更乐于助人的人了。没有人能够和他们那五官端正、相貌堂堂、肤色美丽、体格健壮和身材优美相媲美了。他们绝大部分人身体条件好，吸收的营养好，也可以说他们反应敏捷、肢体健壮。他们留着浓密的胡须和长长的头发，俄国人天生讨厌阴谋诡计，因为这和他们的诚实与正直完全不符合。他们对待自己的孩子和亲友温柔亲切，其他任何地方的人都赶不上；他们生来就尊重父母和长辈；在服从命令的时候迅速而准确,并且可以做到忠实可靠。"

最后,我要传唤的第三个证人,是日本人自己——也就是当代日本人。日本民族应该还记得以前在日本遭遇事故的那个现任俄国皇帝。他们一定会记得,俄国政府、俄国的新闻机关甚至是俄国人民在对待这次事故和日本民族的时候,是那样的通情达理,是那样人道和慷慨。日本民族如果可以好好地自我反省,找回到真实的自我状态,恢复判断的冷静公正,恢复心灵的平静的话,他们一定会承认,这种事故如果发生在英国王储身上或者英国王子抑或德国王子身上,不要说英国和德国的政府,就是他们两国的新闻机关以及民众,在对待日本民族的态度上将会是多么的不同。

我想我已经给大家证明了对俄国人品行的流行的看法是极端荒唐的;总之,他们并不是恶毒、狡诈和自私的代名词,刚好相反,根据以上三种证人的证词,他们是善良的、天生反感阴谋诡计的,因为狡诈和他们与生俱来的诚实与正直全然不相容。除此之外,他们还十分慷慨大方。

事实二

第二个我要摆在日本民族面前的事实,依然是他们戴着外国眼镜,在关于俄国外交以及对外政策总的说法中形成了相同性质的不合理、不公正的评价。

最富欺骗性、不可信赖以及具有侵略性成为了时下对于俄国外交与对外政策品格最流行的评价。

在这里我用不着多费唇舌,很明显,由一个具备善良、讨厌狡诈、慷慨等民族性格的人所组成的国家或者政府所做出的行为,是不可能会富于欺骗性、侵略性以及完全不可被信赖的。所以，时下这种对俄国外交以及对外政策品格的流行的看法，是让人难以想象的。我实在是非常遗憾，在这一时刻，我既没有时间与空间，也没有什么可供使用的参考性书籍，不然的话，我将可以证明俄国的外交及其对外政策不仅不是富于欺骗性、侵略性以及不可信赖的，恰恰相反，我还可以证明自彼得一世时代甚至是更确切地说是自叶卡捷琳娜二世以来到现在，俄国的外交及其对外政策是欧洲各国当中最为诚实、最凭良心的，不单不具有上面所说的那种侵略性，而且甚至还可以说是最谦让、最人道以及最慷慨的。由于手头缺少材料去证明这一切，所以我将传唤一个最具说服力的证人，让他去证实一下我所认为的一个最重要的观点，那就是俄国的外交并非是富于欺骗性的以及让人不可信赖的。

这个我所传唤的证人便是俾斯麦公爵。他在他的《思考与回忆》一书以及他从圣彼得堡的来信里面，非常清楚地驳斥并且绝对地否认了那种认为俄国外交极富欺骗性与不值得让人信赖的流行性看法。可惜的是，现在我手头并没有这本书，不能准确无误地引用俾斯麦公爵的话。但不管是谁，只要他有兴趣去查证一下此书，都将可以证实我所说的一切。我认为，俾斯麦公爵在这本书里的证词，丝毫不逊色于两万个善于言辞的编辑为此而专门做出的辩护。

事实三

我将冒昧地摆在日本民族面前的第三个同时也是最后一个事实是这样的：

现在世人看来，很明显，日本民族对俄开战的正当缘由是俄国方面对于日本错误行动和不公正——而这些俄国方面明显的错误行动以及不公正态度,绝大部分又被日本帝国政府误导、误用的政策给进一步夸大激化了。

我说出这样的话,似乎是有些冒失。但我必须要恳请我的日本兄弟能够心平气和地将我说的话听完。

我认为这么说是正确的,也就是在日本民族与世界看来,日本对俄发动战争的正当理由有以下两条:

1. 俄国没有道理地占据满洲,并且拒绝让日本在满洲问题上擅自发表言论。

2. 俄国政府在讨论以及协商满洲问题过程中,对日本的态度缺乏周全的考虑,几乎是一种无礼的态度。

在这里,为了方便将问题清楚地说明,我想先讲述一下第一条里的第二点,也就是俄国拒绝日本在满洲问题上发表言论。在对这一点进行说明之前,我想首先代表俄国,明确地解释一下俄国在满洲问题上的真正政策。在满洲,俄国的真正政策并不是拒绝日本与世界各国分享用自己国家的钱财、劳力与本国人民的血汗开发的满洲资源中能够获得利益和所有合法的特权,俄国真正的政策是绝对不容忍日本或者其他任何一个国家,除去满洲的主人中国之外,以任何一种方式阻挠俄国政府在满洲去做它认为可以去做的事情。换句话说,就是俄国在满洲的政策并不是紧闭大门,拒绝任何正当合法的外国贸易与事业,而是对一切阻碍俄国政府在满洲绝对自由行动的外国干预关闭了大门。正是由于这种关门政策,俄国政府是不能容忍日本在满洲问题上擅自发表言论的。在这里,我需要指出的是,俄国的这种政策是建立在一个非常重大的原则之上的,大俄罗斯帝国就是在这一原则上建立起来的。如果俄国政府将这一重大原则摒弃了的话，那么整个大俄罗斯帝国就会面临分崩离析，变得四分五裂。那么是什么样的原则呢？我所给的回答和比康兹菲尔德勋爵所主张的相同："除非一个国家的政府有绝对的权力去做它认为正当的事情，否则的话，良治在那个国家便无从谈起。"

故此，我认为，俄国拒绝让日本在满洲问题上擅自发表言论正是基于这个原则，一个俄罗斯帝国政府无法放弃的原则，一旦没有了这个原则，大俄罗斯帝国就会四分五裂，变得分崩离析了。只要详细地看过日本驻彼得堡使臣和东京之间往返电文的人（这些电文已经由日本向全世界公开过了），都会留心到拉姆斯多夫伯爵对例野先生所提及的困难，就是俄罗斯帝国政府当它们完全决定在满洲做应该做的事情的时候——他发现制定政策的任何一个变通方案、并将它们插到俄日之间协议的任何一项条款当中都是非常困难的。事实上，拉姆斯多夫伯爵完全是本能地感觉到，身为一名真正的有教养的俄国绅士，即使他变动了条款中的任何一个句子，稍微做一下退让，或者是让那个重大原则稍微受点损害的话，他就会变成俄罗斯帝国的叛国者。我认为可以说比康兹菲尔德勋爵所主张的就是这一重大原则，俄罗斯帝国政府在芬兰实施的用来反对欧美的那些正在大喊大叫的乌合之众的原则。那个自称是他那个时代一切自由主义者中最为自由的德国诗人海涅，凭借其惊人的洞察力说过这样一句话，"Der Absolutismus in Russland ist vielmehr eine Dictatur Um die liberalen Ideen Unserer neuesten Zeit, in's Leben treten zu Iessen"（毋宁说专制主义在俄国是一种真正的独裁，一种让我们时代的由主义观念得以产生的独裁）。

在这里，我们可以倒过来看一下我所说的第一条中的第一点问题了，也就是俄国占据满洲明显的是没有道理的。我在对俄国对于满洲的政策进行说明的时候，已经谈及了她对日本以及其他列强的态度。现在，我将在解释俄国对满洲的政策中，再一次涉及她对中国这个满洲的主人的态度。俄国对待中国的态度也是建立在一个原则上的，这个原则就是"La force attendantle droit"（在公理得以通行之前，只有凭借强权），在这里，我需要指出的是，这是一个极其自私的原则，外国列强在北京与天津的使馆中布置了强大的驻兵武装，便是采纳的这一原则。实际上，在我看来，俄国在满洲驻军所拥有的理由，反而比外国列强在使馆中布置眼前的卫兵武装还要多一些。

但是会有人们对我说："即使是所有的这一切都没有错，可是，俄国究竟有何权力驻扎在满洲呢？"

如果真的要对这个问题做出回答，我将十分抱歉，我想这必须得从日本帝国政府陷入了一种误导与误用的政策的状态之中谈起。

正如我在上面已经说过的那样，日本民族为之付出巨大代价并且必须武装起来的宏伟目标——那种适当的目标，是让欧洲民族、让全世界都去尊敬日本以及日本人。当日本民族努力地去做这件事情的时候，她甚至获得了包括欧洲人在内的一切人们的同情与赞赏。在这个世界范围内只有一类人，他们本应该比其他人更为尊敬日本民族，但是他们却没有表示出应有的尊敬——他们不尊敬日本民族。这类人就是腐败的、奴颜婢膝、软弱无能的中国达官贵人，如李鸿章一类的人就是很好的代表，他们和欧洲人亲近并且对欧洲人百般谄媚，原因就是这些欧洲人住着漂亮的洋房，花钱如流水，喝着香槟酒，抽着昂贵的雪茄。不单如此，那些跟在德国犹太狗身后的中国达官贵人,却瞧不起日本人,轻视日本民族这个为了保卫我们共同文明的事业而不惜将其国家少女贞操出卖的民族。

这就是我认为日本民族在1894年要与中国开战的真正Causa belli（即战争原因）,同时也是其正当理由。日本开战的真正目的,就是要惩处那些像李鸿章一样腐败、奴颜婢膝、软弱无能的中国官僚,我在这里要顺便提一下,这个人后来变成了中国寡头幕府集团的领袖,要教育这些人去尊敬日本人——尊敬日本民族。正如现在我们都知道的情况一样,日本民族实现了（很容易地就实现了）他们发起战争的目标。于是,李鸿章不得不在日本人面前屈膝求和。

在日本民族实现了他们对中国的寡头统治集团发起战争的目标以后,他们即将做的正确的事情,道德法则要求日本民族去采取的路径和行为,就是要求中国政府给他们足够的赔偿、赔偿战争的花费,不论是物质方面的还是别的方面的损失,这些都是在战争结束后允许做的。但是日本民族,或者说当时的日本政府违背了这一点,他们做得实在是太过分,同时也触犯了道德法则。Hinc illae lachrymae!（他们的可悲之处也正是这里!）

确实,我在这里应该借机会谈一下当我读到东京的那些日籍教授们鼓吹帝国主义及其对外扩张的论文时的心情。当时我情不自禁地自语道:这些东京的教授们其实就是在教唆日本民族去将道德法则破坏,假如日本民族听从了这些教授们的提议,他们就会变成和中国那些发动运动反抗邪恶势力、为正义而战的义和团拳民一样的人。他们最初的目的是为了保卫道德法则,但是最终的结果却是抢劫、掠夺不属于自己的财物。最后,我要在这里说明的是,当日本民族变成了中国义和团拳民那类人的时候,可以肯定的是欧洲民族将会站出来,即便是欧洲民族不站出来,这就像是天上有上帝,道德法则一样有效用，同时别的民族或者国家也会站出来镇压日本这些心灵扭曲的义和团拳民，如同1900年八国联军镇压中国义和团拳民同样的容易。

接着我们言归正传。我认为当日本民族强求中国割让领土、割让台湾、割让满洲的时候，就已经将道德法则破坏了。在这里，我需要指出，用道德上的观点来看，日本帝国政府当初强制要求中国开放新的通商港口的做法，甚至比强制要求割让领土还要险恶。因为对于要求割让领土来说，日本民族只不过是出于自身利益的自私，但是要求中国将新的通商口岸开放，这对于中国政府来说是一点好处都没有，日本的目的就是企图取悦、谄媚以及讨好欧洲民族。日本人的这种做法是非常卑鄙无耻的。

实际上，当日本民族要求中国将其领土割让的时候，他们做了一件愚蠢的"后义和团主义"的事情。正像我说过的那样，日本民族只要是变成了"义和团拳民"，欧洲民族就会站出来将他们镇压。结果正和我说的一样，我们清楚地看到，俄、法、德三国出面阻挠了日本民族对中国、对满洲的中国财产实施的那些极端的"后义和团主义"的暴举。以上所说的这些就是满洲富有戏剧性事件的第一幕。

人们现在会问，三大列强阻挠日本民族对满洲施行"后义和团主义"暴举的目的动机是什么？在这里，我暂且先不考虑法德两国，对于他们在这一行动里的动机，我不得不承认，现在还没有太多的论据可以去加以说明。所以，我所谈论的只限于俄国。那么，俄国要求日本把满洲归还给中国的动机是什么呢？

在对这个问题做出回答之前，我想趁机说明一下，在欧洲，终究没有什么东西比这一件事更为清晰地表露了现代欧洲人理智的缺陷与不足，这件事就是欧洲公众，特别是那些大不列颠的公众，他们总是非常固执地把俄国政府的任何一次行动的动机，都归因于一种卑鄙的性质，歪曲与曲解那些原本是最为清楚不过的仁义与慷慨之举。所以当俄国现在的皇帝陛下召集列强召开会议，讨论在列强中大幅度裁军的问题的时候，就有一些自大狂妄、自认为高明的公众在那胡说八道，如果他们确实不是精神错乱，那就应当是荒谬无比、理应受到严重谴责的卑鄙无耻之徒这些公众断言并企图证明亚历山大一世的继承人，那个曾经组织过"神圣同盟"的俄皇的合格继承人，那一最为人道的热心举动——也就是现在俄皇采取的那种仁义举动，是最为阴险毒辣、最为险恶无比、最不择手段的阴谋之一，它是俄国政府对欧洲列强的一种利用。

现在我能够回答上面那个问题了：那就是俄国坚持要日本民族将满洲归还给中国的动机是什么？

实际上，这一动机以及促使现在的俄皇陛下召集列强会议商议裁军问题的动机是相同的。俄国之所以想要保持中国领土的完整，它的目的就是为了减轻世界军事的负担。我这么说恐怕摆脱不了将俄国美化的嫌疑，所以我要修正一下，可以说俄国的动机是将俄国人民的军事负担减轻。

在这里，我想要补充说明一点，那就是从某种意义上讲，俄国对别的国家的外交政策是十分自私的——我所说这个自私，意思是不怎么仁慈。俄国的外交政策不同于别的欧洲国家的文化载体政策，去寻求甚至是发动侵略以便分享其他民族的贸易与商业利益——他们那种"英国人绝对不做奴隶"的自由制度的利益——他们那种宏伟壮观的文明，人道主义的炫光的利益——他们那带有强大震慑力的军事系统的利益——他们宗教的利益。一句话，俄国的这种极端向私，表现在他们根本没有想到要给那些处在黑暗中的人带去一些光明。俄罗斯帝国政府只关心自己本国人民的幸福，从这个方面来讲，俄国人是十分自私的。

我们还是接着来讨论正题。俄国希望满洲仍旧是中国的一部分而非变为日本的一部分的最重要原因是，中国并不是一个军事化的民族，而日本却已经成为了一个这样的民族。假如满洲成为日本帝国的一部分，俄国就必须在东部边境部署大批武装部队，这样的话就会加重俄国人民军事负担，而这种负担他们现在已经无法承受。

事实上，俄罗斯帝国政府坚持要将满洲归还中国的动机，根本的目的就是想避免将俄国人民的军事负担加重。确实，那些没有研究过俄罗斯民族历史和品性从而也就不了解他们的人，并不清楚俄国人民有着怎样强烈的对和平的渴望。俄罗斯民族的圣歌——无论是旋律还是歌词，全都被称作最为庄严雄壮——就是祈祷上帝给予他们和平。正是为了实现俄国人民对和平的热望，或者更准确地说，在俄国人民和平愿望的影响推动下，亚历山大一世，那个欧洲历史学家还没有给出一个公正评价的、欧洲历史上真正虔诚的、品德最为高尚的统治者——建立了一个号称"神圣同盟"的东西。它预示以及宣告了自从宗教改革以来，在欧洲，一种新型的事物状态，某些保护文明、道德利益与上帝圣洁的道德法则（而非保护物质利益的国际联盟）———定会出现，除非全世界文明彻底遭受了毁灭，在这个地球上除了大炮与汽车的碎片之外，别想留下别的东西。正是在同样动机的支配下，受到俄国人民期望和平愿望的激励和推动，现在的俄皇陛下、亚历山大一世的那个合格的继承人，召集了列强会议商议普遍裁军的问题。最后，我还想要指出的是，这一原因正是俄罗斯帝国政府坚持要让日本将满洲归还给中国的根源所在。

说到这里，满洲这件极富戏剧性事件的第一幕也就该结束了。

接下来，让我们来看一看这场戏剧的第二幕，这也是一个非常重要的问题：俄国人是如何进入满洲的？

其实这个问题的答案十分简单。那就是中国自愿地主动地让他们来的。

伴随着甲午中日战争的结束，中国败在日本手中，极度欣喜的日本民族过深地误入歧途，他们居然想要对中国施行"后义和团主义"暴行。正如我们所看到的那样，在这种情况下俄国便站了出来帮助中国。他把满洲从日本人那里夺了回来并且将其交回中国人手中。对于这件事情，中国自然非常感激，尤其是那个以李鸿章为首的中国"幕府寡头集团"，他们感谢俄国，主要是由于俄国的行为在一定程度上将他们丢尽的面子挽回了一些。他们为此而欣喜若狂。罗丰禄，那个李鸿章的幕僚、后来成为驻英公使的人，高兴得竟然犯了傻，以至于他在巴黎接受法国新闻记者的采访时，居然挥舞着拳头，不仅表示对日本蔑视，还表示对英国的蔑视。

请准许我在这里解释一下中国的"幕府寡头集团"是什么。对于那些研究过本国历史的日本人来说，这个术语并不难以理解，但是对于那些不懂得日本历史的外国人而言，还是有必要去解释一下的。中国的这个"幕府寡头集团"，就是中国官员中自诩进步的亲欧派，他们的首领就是李鸿章，总部设在天津。他们将中国政府的实权握在了手中，操控了那些最有油水的职位和财权。然而，对这些承担责任的却是北京政府，是皇太后与皇帝陛下。

我们还是回到正题上来。上面已经说到中国对俄国感激不尽。随后，中国的幕府寡头集团就说服了北京的帝国政府，提出要和俄国订立攻防同盟条款。而那个作为幕府寡头集团首脑的李鸿章便被派到了圣彼得堡。

下面，我将对俄罗斯帝国政府在这一问题上表现出来的自制、诚实和正直做一个说明。我已经说过，中国的幕府寡头集团借助俄国的调停，或多或少地挽回了一点面子，所以，为了获得并且保持超越中国政府之上的那些特权，这个寡头集团就疯狂地去讨俄国的欢心，让他应允和中国订立攻防同盟条约。不过俄罗斯帝国政府，由于正直，正如我提到过的一样，由于那种贯穿欧洲历史的俄国外交和对外政策的品性，没有任何犹豫地就拒绝了订立这样的条约。

最后结果是，中俄双方签订了一个折中的协议，俄国方面保留了一种自由行事的权力，同时答应支援中国，甚至在认为合理与必要的时候能够去为中国打仗。中国方面则将在满洲修筑铁路的权力给了俄国。我要在这里需要指出的是，任何一个人，只要他看过俄中协议以及那个时期北京和圣彼得堡之间的电报，都一定会承认，在这一活动中，俄罗斯帝国政府不但不是自私自利的，而且自始至终都是那样的正直。

我觉得，俄国人就是通过这种途径进入满洲的。

现在利用此机会，我谈一下大英帝国民众在看待满洲问题上，采取的对俄国敌对态度所表现出来的短视和蠢笨。我认为，那和精神错乱没有什么两样。任何人只要稍微思考一下，就必定能看到，俄国在大西伯利亚修筑铁路，即使实际上没有完成，至少也在努力从事一项宏大的文明工作，那就是通过开垦地球上的荒蛮之地给人类谋福利，同时也对东西方之间的贸易和交往创造出便利的条件来。我表达的意思不是说俄国进行这项宏大的工作，其动机全是出于慈善，但是从另一方面说，也没有人敢贬斥此举完全是出于自私。大家都知道，西伯利亚铁路是对整个世界的贸易与商业开放的。当俄国正在进行这一宏大文明工作时,大家想到的是,只要是有资格被认作文明的民族,理当尽力去帮助俄国人,帮助他们想办法让他们正在从事的伟大工作走向成功——退一步讲,不应该妨碍或阻挠他们走向成功。

现在,如果说有什么能够帮助这条西伯利亚铁路成功被修筑,那就是让这条大西伯利亚铁路途经满洲然后再延伸到中国海。但是满洲在法律意义上并不属于俄国,而是属于中国。如果说俄国政府是一个不讲任何道德的政府,那么它就会随便找一个理由将满洲占据。没有人能够否认,为了西伯利亚铁路能够顺利地竣工,占领满洲对于俄国来说是个很大的诱惑。我不清楚其他民族在上述情况下是否能够抵得住这种诱惑。但是俄国并没有非法将满洲占领,而是获得中国这个满洲的主人的完全同意,然后才去满洲修筑铁路。不但如此,俄国还准许并且给予中国与中国人享用铁路、俄华银行,实际上也就是享用通过修筑满洲铁路所可能带来的一切利益的平等权利。

我之所以认为英国民众精神错乱,是因为英国人必须要承认,俄国人把钱投放在了满洲,有很大一部分钱会在中国人手中流通,通过扩散、渗透,势必要流入到山东、直隶并且多多少少也会进入到中国的其他省份。这样一来,俄国人在满洲所花费的钱,他们自己也不清楚是否还能够流回到他们自己手中——而俄国花出的这笔钱则在无形中将整个中国的购买力提高了。最后中国人购买力得以提高,如果说这种情况会对谁有利的话,那么最可能获得利益的就是和中国有着最大贸易量的国家。

但是英国人对我说:"现在才是刚刚开始,当俄国正在花钱修路的这一阶段,事情确实是这样。但这是短暂的。随着时间一点点过去，只要是铁路修好了，他们就会将门关上——将满洲那敞开了的大门关上。"对于稍微有点经济状况常识的人都能知道，即便俄国能够关闭此门，他也绝对不会去将其关上。这是为什么呢？因为俄国自己也并非是一个工业国或者说一个制造业国，而仅仅是一个农业与原材料的生产国。满洲的情况就更加糟糕，它对于俄国人或者任何想使他们的国家进入工业国的人都是没有丝毫好处的。实际上，和俄国相比较，满洲更是一个农业与原材料的生产地，如若俄国人帮助满洲将原材料产量增加了的话，一种办法是将这些东西运到圣彼得堡或者莫斯科的博物馆去，供那些没有事情做的参观者前去欣赏观摩，另一种办法就是将这些原材料运往别的国家——运到日本、美国和大不列颠，以此去换回他们所需要的工业制品。我认为，关于大不列颠民众在满洲问题上的这种精神错乱，我没有必要说得更多了。

下面，我想谈一下俄国出兵满洲以及它拒绝从满洲将军队撤回的问题。只需要做一个简单的说明，人们就会清楚地明白俄国行为的对和错。

我们设定有两个人 R 和 C，他们要合伙开一个商店，前提是：R 方出资金去购买商店需要出售的商品，C 方把他的部分房子腾出来去做商店。当 R 方花了很多钱将商品买回，并将这些商品放在 C 方那所作为商店用的房子中之时，突然因为 C 方不小心——或者是房子管理不善，或者由于客人的失误——导致房子失了火，并且蔓延到了整个作为商店用的房子以及商品的储藏室。在这种情景下，C 方的邻人 R 方最自然的要去做什么事情呢？我想任何人都会说，他最自然要去做的事情就是，马上派他的下人去救火，并且将他派去的那些人留在那里帮忙照看商品，直到 C 方能够承诺并给予他一个满意的安全感为止，以便促使他（C方）承诺今后可以更好地看管房子，与此同时，也十分小心和留意怎样的客人才可以获得进入商品储藏室的权利。

简单一点说，俄国出兵满洲的原因就是，中国的"义和团"让俄国人所拥有的财产——那些他们经过中国政府完全同意带到满洲来的财产濒临破坏以及毁灭的危险。

那么，俄国为何不愿意从中国境内撤军呢？因为中国不会抑或说不能给予俄国满意的安全感，中国受到了那些恶毒劝告的迷惑并且迫于外在的压力，无法做出承诺，并且无法将俄国在满洲的财产看管好，并给他们一种令其满意的安全感。

我觉得，在这方面上，有一个事实是我们所不能忽视的，如果世人不是普遍、让人遗憾地认为俄国是一个向来不遵守诺言的民族，那么这个事实就不能说不重要。这个事实就是：当"义和团"与外国使馆卫兵们处在狂怒的灾难性战斗中的时候，中华帝国政府一方面尽最大努力去阻止"义和团"，一面向圣彼得堡发电报，要求双方进行协商并请求俄国帮助中国说服其他列强实施措施制止那些使馆卫兵。俄罗斯帝国政府对此回电说："因为你犯了错，所以现在我没有办法再去帮助你。让我帮助你的前提是，你们要去营救使馆的人，让他们安全地从危险中脱离出来。"所以等到使馆脱离了危险的时候，俄国就将其承诺履行了，他马上提议列强把军队从北京撤回到天津。

我已经很充分地对第一条进行了解释，即俄国显然是在无理地占领满洲并且拒绝让日本在满洲问题上擅自发表言论。为了让整件事情更加清楚明晰，我将简要地作以下几条综述。

1. 俄国人如何进入满洲的？

是中国请求俄国人进入满洲的。双方经过了协商并征得了中国方面的充分同意。

2. 俄国要派兵进入满洲是什么原因？

俄国之所以派兵进入满洲，主要的原因是中国的义和团让俄国人所拥有的财产——那种经过中国政府完全同意而带入到满洲的财产——受到了破坏和毁灭的威胁。

3. 为什么俄国拒绝将其军队撤走？

俄国之所以拒绝将其军队撤走，是因为中国不会或者说没有能力承诺和答应让他们满意的条件，只有俄国自己才能够使其在满洲的财产得到安全保障。

4. 为何俄国拒绝让日本在满洲问题上擅自发表言论？

俄国人之所以这样做，是因为俄国在满洲问题上对于日本以及全世界的政策，除了中国这个满洲的主人以外，是一种对于利益全都一律敞开门户，而对于干涉则将大门关上的政策。

5. 后来俄国在中国满洲采取了什么样的政策？

俄国后来在满洲采取的对中国的政策，是建立在一个十分自私的原则上的，这个原则和列强在北京与天津保留驻军时所采取的原则是相同的，那就是"在公理得以通行之前，只能凭借强权"。

6. 为何俄国在对满洲的政策里，对于日本以及世界要采取一种关上门反对干涉的态度？

因为俄国政策里的这种关门政策所持的一种反对一切外来干涉的态度，它是基于俄罗斯帝国的一个重大并且正当的原则之上的——一个俄罗斯帝国政府什么时候都不能放弃，否则大俄罗斯帝国就会走向分崩离析的原则。

7. 俄罗斯帝国的那个重大原则究竟是什么？

这一原则便是比康兹菲尔德勋爵所主张的那样："我不知道君权神授的理论是不是还站得住脚，但是我相信，除非一个国家的政府有绝对的权力去做它认为正当的事情，否则的话，良治就无从谈起。"

接着就说第二条，实际上也就是第三个问题。即，当对满洲问题进行讨论时，俄国人的不友好态度表明他们欠缺周全的考虑，对日本态度近乎于无礼。

在这里，我想要说的是，俄国对日本的这种不管是军事上还是外交上的不友好态度，都已经直接被日本帝国政府那个误导、误用的政策给夸大激化了。这一激化物是什么呢？那就是英日同盟。在这个同盟刚开始缔结时，我就对英国友人说，这个同盟将会把远东的和平破坏。当然，我一点也不怀疑英国与日本在签订这一协约之时抱有的都是一种美好的愿望，可是任何一个人，只要他心平气和地对此事加以审视，他就不得不承认，英日同盟造成的直接后果，是不单将两个极为糟糕的道德因素纳入了对远东抱有兴趣的国家政策和国际关系之中，而且将其强化了十倍之多——这两个糟糕的道德因素便是嫉妒和猜疑。这就是我之所以认为英日同盟是一个将远东和平破坏的同盟的原因所在。实际上，英日同盟本身也是一种破坏，是一次将那些对远东抱有兴趣的欧洲国家之间团结和友情破坏的行动。所以，任何一个以公正无私的观点去看待这件事的人都将会认识到，英日两国里对这个同盟负有责任的政治家是一些应当受到严厉谴责的罪人。他们的判断力欠缺严重到了要犯罪的程度。不管怎样说，对于日本民族而言，英日同盟是日本和欧洲各国开始接触之后，那些执政的日本政治家所走出的最具灾难性的一着棋，如果没有这个英日同盟出现的话,俄国在军事上及外交上不仅对日本以及在朝鲜的日本人,而且对中国以及满洲的中国人的态度,都将大大的不同。实际上,如果没有出现英日同盟的话,满洲问题就非常容易得到解决。

而日本人民,他们只要心平气和地去将这些事观察一下,就一定会发现,英日同盟的缔结不啻于是在对世界表明,日本民族将要介入欧洲政治中,将要参与欧洲各国那种荒唐而狂热的"殖民政治"竞赛当中去。在欧洲各国,这种竞赛并不是由其国王与统治者所推动,不是由其民族里的那些精英人士所推动,而是由一群乌合之众所操纵,被那些拥有新式的金科玉律——如同我曾说过的那种不用欺骗邻人就可以占到邻人便宜的那种金科玉律——的一帮流氓无赖所引发的竞赛。实际上,日本民族也正在加入欧洲各国那种狂热的彼此争斗的现代政治竞赛中。的确,没有什么必然的理由能够反对日本民族参与到欧洲政治中,并由此而变成一个强国——一个真正强大的、超过整个世界的训练有素的帝国主义。我认为,没有什么必然的理由反对日本民族去做这一切甚至是在这条路上走得更远。然而,我要告诫日本民族的是,如果他们听从了他们那些英国朋友或者东京教授们的话,妄图通过参与欧洲那种殖民政治的狂热竞赛中而让日本变成世界强国,那么,日本民族就如同孟子所说的那种缘木求鱼者一样,将无法得到他们所渴求获得的东西。

以上的这些,就是我认为有必要摆在日本民族面前的三则事实。接下来,我将尽量简洁地谈一下我想要摆在俄国人民面前的那两则事实。

事实一

第一个我要摆在俄罗斯民族面前的事实是：虽然俄罗斯帝国的那项重大原则——也就是比康兹菲尔德勋爵所主张的那个原则——是正当的，但是后来它将这一重大原则贯彻实施的过程中所任用的代理人或者使用的工具和方法却存在缺陷，以致导致了灾难的发生。

在过去的二十年里，我没有机会和俄国最高层官员——例如罗森男爵与雷萨尔先生——保持任何个人或官方的联系，但我却有和俄国中下层官员进行接触的机会，比如那些在华领事以及译员之类的人。从我自己的亲身感受以及从别人那里听到的经验来看，我必须要指出的是，一般来说，那些被派到远东来的俄国外交官，正像去年驻北京一位英国使馆官员对我所说的那样，是一些如果你不动怒就不可能和其讨论严肃问题的人。实际上，或许除了罗森男爵与雷萨尔先生那样的人以外，一般俄国的外交官员都是一点也不具备自由教养或者文化素养的人。他们这种受自由教育的程度将其自身限制住了，致使他们只能用法语书写或者打印那些僵硬而古板的程式化的公文。

在这里，我要冒昧地去提醒俄罗斯帝国政府留心这么一个事实，我去年在北京发现，俄国驻华使馆里面连一个有能力的中文翻译也没有。当人们念及俄国当前通过开放满洲铁路在中国所拥有的庞大利益的时候，单单这么一个事实就足以暴露出一种多么可怕的情形！爱默生说过："政府总是到了太晚才懂得，对于国家来说，一旦任用了不诚实的（或者无能的）代理人，就如同对于个人来说一样有害。"

但是，俄罗斯帝国政府在公职服务中无法找到真正有能力的、有教养的人员还有一个更深层的原因。这个原因，就在于后来它在努力贯彻俄罗斯帝国的重大原则之时所采取的那些方法上。

我不知道是不是真的如此，但我的确曾经听说过，在大俄帝国的公函中，末尾惯用的一句话就是"别多说"，这就相当于英国公文里所用的"上帝拯救国王"，以及我们中国的圣谕中所用的"钦此"。按照我的愚见，俄国当前统治方式里的这颇具意味的习惯用语，就如同奉行俄罗斯帝国的重大原则所遭受到的失败一样，肯定是会将大俄帝国毁掉的。这是因为，当俄国皇帝习惯于对其大臣们说"别多说"这个短语时，我想没有一个真正有教养、有自尊的人情愿去担任俄国的大臣。同样的道理，如若政府各部门的首脑不管什么时候下达命令，都要说"别多说"这个惯用语，那么这个部门的一切属员就只好变成机器，变成一些只会用法语书写一些僵硬古板公文的人。实际上，整个政府机构就会因此而变成被人们称作"官僚主义"或者死机器一样的东西，不仅会将本国人民的生路堵死，而且还会因此而将其他国家的人民触怒，直至其他国家的人民无法再容忍下去，只好派出义和团、红胡子或者战船去将那个死机器捣毁为止。

以上的这些，我认为就是俄国政府为何无法找到真正有能力和有教养的人，将其送往远东去做那些人们无需动怒就可以和其商讨一些严肃问题的外交官以及领事人员的原因。

中国古代的某一诸侯国的国君曾经向孔子问道："一言而丧邦，有诸？"

孔子的回答是："言不可以若是其几也。人之言曰：'予无乐乎为君，唯其言而莫予违也。'如其善而莫之违也，不亦善乎？如不善而莫之违也，不几乎一言而丧邦乎？"

事实二

第二个要摆在俄罗斯民族面前的事实,是我在谈日本民族所犯下错误的时候没有涉及的,我现在要对俄国人民说明,俄罗斯民族以及他们的帝国政府在导致这场战争发生中犯了一个根本性的错误,这个错误要比日本民族所犯下的任何一个错误都要大得多,它就是:他们在和中国以及日本民族交往时,不知道并且也不曾充分地认识到他们是在和一个十分文明的民族在打交道。这样的民族和迄今为止他们所接触到的那些中亚的部族不同,他们更服从于一种道德的力量,而非凶残的武力,更不要说那只是一种残暴武力的炫耀和威胁了。

很多无法理解人类心理活动的人,怀疑俄国民族对于日本的那种义愤是否真诚。然而俄国人的义愤确实是十分真诚的,因为不管是俄国民族还是俄国政府,他们的确都没有进攻或者侵略日本的任何意图,不仅这样,他们还相信他们自己的做法是公正的,他们甚至于压根就没有想到日本要用这种方式去进攻他们俄罗斯民族,而我,可以说的也就只有这么多了。

但是我必须要指出,虽然俄国人对日本人的那种义愤是真诚的,但是却不公平,并且十分的不公平。这就像一个手握大枪的大汉,做了某件事情,被另外一个手握短枪的小矮汉子明显地,甚至是不公正地误认为是对自己的一种侮辱,此时这个大汉应当做的,最好是通过道德手段让那个矮个子意识到是自己的错。如果这个大汉不这么做,而仅仅是耸一耸肩,并且将枪弹上膛——虽然在这种情况下,大汉是有权力生气的,而矮个子则会更加满腔怒火,他看到自己以小枪去对付大枪的处境不太妙，便以一种迅雷不及掩耳之势，在那个大汉尚未来得及将子弹完全装好的时候，就猛然对着大汉开枪射击。

事实上，俄国政府在当前这场战争里所犯下的错误和1900年（即庚子年）外国使臣在北京所犯下的错误是相同的。在1900年，北京的那些外国使臣们知道中国各个阶层都具有十分强烈的排外情绪以后，摆在他们面前的只有两条道路：要么用一种道德力量去将这种情绪平息；要么用一种物质力量将这种情绪扑灭。但是外国使臣们却一条道路也没有采纳，他们所走的是第三条非正常的道路，也就是使用物质力量炫耀和威胁——他们只是在中国派进了少数的使馆卫兵，恰好能够将中国人的排外情绪推向高潮，而不足以再去做其他任何事情。我们现在都已知道了这种非正常做法的后果。为了做到对他们公平起见，我必须要指出，他们之所以会这么做，是由于他们以为中国人是亚洲的一个懦弱民族，只需要几个武装的白人便完全可以将其唬住和吓倒。全然不知中国是一个高度文明的民族——他们可以做到孟子所说的那样："生亦我所欲，所欲有甚于生者，故不为苟得也；死亦我所恶，所恶有甚于死者，故患有所不辟也。"

同样，在当前这场战争爆发以前，俄罗斯帝国政府也必定知道在日本各阶层人士中已存在了一种十分强烈的反俄情绪。《日本邮报》——一份横滨出版的英文报纸，就曾多次提醒世界留心日本民族的这种精神状态。和1900年在北京的那些外国使臣一样，此时的俄国政府面临的也是两条道路，但是它却选择了第三条非正常的道路，也就是，既不是使用道德手段，也不是凭借足够的物质力量去将日本的反俄情绪消弭，而只是使用武力威胁罢了，至于结果，现在我们都已经有目共睹了。今天的旅顺港就相当于 1900 年的北京公使馆，只是遗憾的是，这时候没有一个头脑冷静的帝国国母前往那个倒霉的堡垒里去奉送西瓜了！

俄国政府会犯和 1900 年外国使臣在华所犯的相同错误的原因，正是由于他们的政府以及俄罗斯的人民在和日本交往的时候，不知道他们是在和一个高度文明的民族打交道。不仅是这样，这个民族还和中国那些可怜的激进主义者的义和团拳民不一样，它是一个拥有高质量的炮厂以及很多训练有素的炮兵的民族。

以上所说的这些，就是我认为有责任摆在俄国民族面前的两则事实。

如若日俄双方的民众都进行自己反省，将他们那个真正的自我找回，恢复到他们心灵的平静状态并保持其冷静公正的判断，我敢打包票，他们都将可以洞察我摆在他们面前的这些事实。而他们双方一旦都像我一样洞察了这些事实，那么我坚信，他们就都会不由得感到彼此都已经成为了那种恐怖误解的牺牲品，当两个民族尤其是这两个道德的、文明的民族认识到他们彼此都已经成为了那种恐怖误解的牺牲品的时候，那么这两个民族的责任，如果他们真如自己所声称的那样关心人类以及文明的利益的话（我对此毫不怀疑），绝对就是必须将当前这场不幸的战争马上结束。

这两国的军人们都已经在战斗和牺牲中各自为自己敬爱的祖国完全尽了责。现在应当日俄两国内的人民尽其责任的时候了——他们一定要敢于去做那些道德公正、有助于马上将这场不幸战争结束的事情。伟大的法国人丹东在其祖国的危难之时曾经说过："让我的名字泯灭吧，只要这样能够拯救我的祖国法兰西！"本朝（这里是指清朝——译者）的一位中国政治家则更为冷静地说过包含相同思想的话语"我宁为天下之所不韪,我不为我心之所不安。"

我认为,现在也应当是日俄两国的那些政治家——那些对于他们可敬可爱的民众的幸福负有责任的人,像他们两国的军人一样展现其勇敢的时候了——勇于去制造和平,从而将他们的国家从这场不幸战争的灾难性的严重后果里面拯救出来。

如果真的有可能的话,我将冒昧地走到日本天皇陛下跟前,首先我要恭请陛下铭记我们所共同拥有的古代文学经典的教诲:"兵犹火,不戢将自焚也。"其次,我要请天皇陛下铭记伟大的德川家康所说过的话:"治天下之道在于慈。"同时请求他怜悯日本人民——他那些正在遭受苦难的臣民。最后,我还要最恭敬地恳请天皇陛下铭记那个伟大目标,那个我们共同的文明目标,那个陛下伟大的圣父在1853年祭祖之时宣告的并发誓要予以保卫的目标。我恭请陛下注意,如若这场悲惨不幸的战争还继续被允许延续得更久的话,那么这一伟大目标就将陷入到危险的境地。因为臣民对苦难的忍受是有一定限度的,一旦超出了他们可以忍受的极限,人民就将陷入混乱。事实上,在日本军队赢得在满洲的胜利,外国报纸为其喝彩赞赏的时候,日本国内人民所忍受的贫困痛苦就已经超出了极限,由此他们将变得极其之混乱、不道德以及不文明,以至于将无法得到任何一个文明民族的尊重。如今,日本民族发动这场战争的目标,也就是让欧洲民族去尊敬日本人的这目标已经达到了。以至于库罗伯特金将军也认为:"在战斗中日本军人不仅勇敢,而且侠义,如同绅士一般。"

在文章的结尾,我将恭敬地恳请日本天皇陛下将他那些最忠诚、最有能力的顾问官召集在一起,将我所写的东西都呈现在他们面前,在他们将我的观点充分思考过以后,问一下他们:这场糟糕的战争到底是不是由两国政府的误解而造成的？如果他们将我的观点充分地思考过以后，得出结论认为我是错的，这场战争并非是误解的产物，而是俄国的邪恶以及他们那侵略意图所导致的结果，所以日本就一定要战斗到底。要真是那样的话，我就无话可说了。但如若陛下那忠实且有能力的顾问官们肯定了我的观点，那么我将恭请陛下马上给俄皇陛下拍一封电报，请求俄国在如下两条提议中任选一条去将战争结束：要么将现有的两国间的所有争端提交到海牙国际和平法庭上去加以裁决，要么——更好一点，同意两国政府直接协商，在除了中国不允许其他任何列强干涉的情况下，商讨如何解决当前的争端。从我过去对俄国历史的研究看来，我完全相信俄国人民的诚实和慷慨，我还坚信如果通情达理的日本天皇陛下采纳了我冒昧提出的建议的步骤，不仅两国间的和平和友谊可以很快地建立起来，甚至和平和友谊的到来将会附带一些对于处在痛苦之中的日本民族而言十分慷慨且有利的条件。在将来的某一天，当我所写的这些东西流传到了俄国，到了俄国皇帝陛下面前，或许他还记得在他多年之前访问汉口的时候，我做过他和张之洞总督间的翻译——如果幸蒙俄皇陛下读到了我所写的这些东西，我将恭请他听从俄国人民渴望和平的心愿；铭记俄罗斯帝国的传统政策，他那位虔诚的、神圣的祖先亚历山大一世制定出来的政策。那种政策最关心的是人类以及文明的道德利益，而非物质利益，更不要说什么只关心军事上的荣耀了。

最后，我要单独对那些在远东拥有利益的欧洲民族给出一些忠告。他们应当从这场日俄战争里面得到一个最重要的教训，那就是他们必须要懂得，当他们和日本和中国民族交往的时候，他们是在和一个高度文明的人民在打交道，这些人更服从的是道德而非凶残的武力。如若欧洲民族拒绝承认这个事实,并接着在远东坚持那种被英国报纸称作"枪炮政策"的话,那么总会有这么一天,他们会和今天的俄国人民一样,被猛烈地、痛苦地震醒。Etnunc, reges, intelligite:crudimini qui judicatis terram!(统治者,且听着,请明察:决定世界事务的那些人,必须要掌握大量的知识!)

辜鸿铭硕士

1904 年 11 月 21 日写于武昌

群氓崇拜教或战争及其出路

> 法兰西的不幸的确是太可怕了,"在上者"应当好好反省一下;但更为紧要的是,"在下者"应当去认真思考它。
>
> 如果"在上者"被推翻的话,那谁来保护那些相互争斗的"在下者","在下者"已变成"在下者"的暴君。
>
> ——歌德

剑桥大学的罗斯·迪金逊教授在其一篇名为《战争与战争的出路》的文章里,颇具意味地说:"只有在英格兰、德国以及别的国家的普通男女、工人用他们的双手与智慧,向那些一度并且再三将他们带到了灾难之中的统治者大声呼吁:'别再开战了!别再开战了!你们这些统治者、军人以及外交官们,你们完完全全地将历史带到痛苦之中,你们原本掌握着人类的命运,但现在却将人类带进了地狱!我们要和你们彻底决裂。因为你们在任意压榨着我们的每一滴血汗。再也不能这样下去了。你们带来的并非和平而是战争。欧洲必须要从战争中走出来,这欧洲是我们大家的欧洲。'只有做到了这些,欧洲才会有希望(这里他指的是欧洲的文明)。"

这是一位现代欧洲的社会学家的梦想。可是,恐怕这种梦想是永远不能实现的。我深信,当欧洲各国的民众将他们国家的统治者、军人以及外交官们赶下台,正要亲自去处理和别的国家的战争以及和平问题的时候,在这些问题被处理好之前,每个国家恐怕都将会处在一种战乱纷争的处境中了。让我们来看一下大不列颠发生的爱尔兰事件吧。爱尔兰的普通民众们,在试图自己去决定战争与和平问题上,甚至是在争取自决的问题上,发生了水火不容的剧烈冲突。如果在这个时候,不是因为发生了这场更大的战争,他们将会接着继续互相残杀。

如今,为了给这场战争指出一条解决的出路,我们首先必须要找出这场战争的起源和发生的缘由,并明确一下应该对这场战争负责任的人是谁。迪金逊教授试图想要让我们认为,正是那些统治者、军人以及外交官们把普通民众带进了灾难之中,将他们带进了战争的地狱。然而我的观点是,我可证明把普通民众带入战争之中的并不是那些统治者、军人以及外交官们,刚好相反,正是那些普通民众,驱使并推动着那些可怜无依的统治者、军人以及欧洲的外交官们走入了战争的泥潭。

首先,我们要去看一下那些实际的统治者——也就是现代欧洲的皇帝、国王以及共和国总统们。当前一个不争的事实是,大约除了德皇以外,其他别的国家的实际统治者都不曾说过什么引发战争的话。实际上,现代欧洲的皇帝、国王以及共和国总统们的言行举动都受到了《自由大宪章》的制约——在国内,这些实际统治者不管是在政府方面还是公共事物方面都没有发表过什么言论。大不列颠那个可怜的国王乔治,在为了阻止爱尔兰事件发展成为一种国内战争的时候,他试图想要去发表一番言论,但是整个大英帝国的所有普通民众都叫他闭嘴。而他竟然还通过首相对普通民众道歉,表明他想要那么做只是想要尽到一个国王防止战争发生的义务。实际上，现在欧洲的统治者不过是一些被供奉起来的尊贵偶像罢了，他们的权力只不过是掌管着大印并给政府公文签一签字而已。故此，针对他们的国家政府来说，他们仅仅是一些用作装饰的人物，并没有他们自身独立的意志。我们如何可以认为应该对战争负责的是那些统治者呢？

接着，我们来看一下那些受到迪金逊教授以及其他任何一个人谴责（认为他们应当为战争之罪负责）的军人们。在屋尔威兹，罗斯金向军官预备队们所作的讲演上说："现代制度的致命缺陷在于它将民族最好的血液和力量夺走了，将全部的骨髓，也就是勇敢、不计回报、不怕艰难和忠诚都夺走了，而将民族变成了一堆沉默、怯弱的钢铁，变成了一把纯粹的刺刀。同时，却又保留了那些最糟糕的部分，例如怯弱、贪婪、淫荡以及背叛，将这些糟糕的东西奉作权威并优先付诸使用。但是，其中却没有一点思想能力。"罗斯金继续对英国士兵说道："保卫英格兰的誓言得以实现，并不意味着你要丝毫不差将这一制度执行。如果你只是站在店门之外去保护里面那些假借购物而骗钱的小孩，那就算不上是一个真正的士兵。"现在，我认为，那些对军国主义以及普鲁士军国主义进行谴责的英国人，同时也包括那些真正的英国士兵，都应与好好地阅读、思考一下罗斯金所说的那些话。但是，我在这里想要说的是，从上面罗斯金所说的那些话中可以明显地看出：不管是在政府还是在国家事务的操作上，如果连欧洲的统治者都没有发言权的话，那么，那些可怜的军人就肯定没有任何说话的权利了。罗斯金在巴拉科拉维所作的那个演讲中，谈到了这场战争中那些真正可怜的士兵："他们不知道原因是什么，但却必须去送命。"实际上，今日欧洲的统治者已经成为纯粹的被供奉起来用作装饰的偶像，而欧洲的士兵则已经成为了非常危险的机器人。就他们国家的政府来说，那就更是一些全无自己意志的机器人了，那又如何可以说对这场战争负责的应当是欧洲的士兵呢？

最后，我们再去审视一下那些反对欧洲外交官们的事例。按照政府理论——也就是欧洲的《自由大宪章》的规定，外交官——一个国家的执掌政府和公共事物的现任政治家以及部长，他们仅仅可以去将民众的意愿付诸执行。换句话说，仅仅去做国内的普通民众们告诉他们要去做的事情。因此，我们看到那些外交官、现在欧洲国家政府中的政治家以及部长们，都已经成为了机器——一种只会说话的机器，实际上就像木偶戏演出中的那些木偶。那臃肿的木偶是没有任何个人的意志的，他们或者向上或者向下，都是由普通民众摆布操控。这种缺少灵魂的木偶，他们全无自己的声音，也没有个人自主的意志。故此，我们如何又能够认为应该对这场战争负责的是那些外交官们——欧洲各国的政治家以及部长们呢？

在我看来，实际上最奇怪的事情是，今天欧洲国家的政府中那些实际上执掌政府事务的统治者、军人以及外交官或者政治家与行政部长，他们都不被允许有个人的意志，也都不被允许有任何权力去做对民族安全和利益有利的事情。而恰恰是那些普通民众——比如《爱国时报》的编辑约翰·史密斯、亨德史弟兹的博布斯，以及那个曾经在卡莱尔时代制造香肠和果酱如今却是巨大的"无畏战舰"的主人、高利贷者摩西·拉姆——他们这些人都有充分的权力，在政府中讲话并实现自己的意志。实际上，他们拥有告诉统治者、军人以及外交官如何做是对民族的利益和安全有利的权力。故此，如果你深入地对这事做一番了解，你就会认识到，正是这三类人约翰·史密斯、亨德史弟兹的博布斯以及摩西·拉姆——应该对这场糟糕的战争负责。在这里我想指出的是，也正是这三类人，将那些可怕的现代战争机器——也就是欧洲的现代军国主义——制造了出来，并且正是这恐怖的机器又引发了战争。

可是，你现在会问我，为什么那些在职的统治者、军人以及外交官，会如此的怯弱退让，转而去支持上面说到的那三位呢？我对此的回答是，因为普通民众——甚至包括那些良民，例如教授迪金逊也并不是在忠心支持他们国家的那些在职的统治者、军人以及外交官，恰恰相反，他们是和约翰·史密斯、博布斯以及摩西·拉姆们站在一起去反对政府的。普通民众之所以支持他们，主要理由有两个。第一，因为他们对民众说他们属于平民党派；第二，欧洲各国民众打小就接受了一种"人性本恶"的教育，意思就是，无论是什么人，无论是在什么时候将权力赋予他,他都会将其滥用。甚至是，一旦人们可以去对其邻居进行抢劫和谋杀时，他一定会去。事实上，我在这道想说的是，约翰·史密斯、博布斯和摩西·拉姆三人之所以可以利用民众，迫使那些在职的统治者、军人以及外交官们去制造出恐怖的现代机器，并引发这场糟糕的战争，正是因为欧洲的普通民众作为一个群体而言，他们一贯是自私、怯弱的。

故此，如果你追本溯源的话，你将能发现这场战争真正的罪魁祸首，既非统治者、军人和外交官们，甚至也不是约翰·史密斯、博布斯和摩西·拉姆，其实正是像迪金逊教授本人那样的一些良民。对此迪金逊教授可能会很不满，并且反驳我说：我们普通民众并不希望发生这场战争。可是，希望这场战争发生的人是谁呢？我给出的回答是，没有任何人希望发生这场战争。好的，那到底是什么导致爆发了这场战争呢？我给出的回答是，恐惧，一种群氓的恐惧。在去年的八月，那种俄国由欧洲人民推动的恐怖的现代机器运动开始之时，这种恐惧便攫取了整个欧洲的广大普通民众。总而言之，在我看来，正是恐惧、那种群氓的恐惧，同时也是如今在欧洲民众之中广泛传播着的那种恐惧，将那些瘫痪了的欧洲统治者、军人以及外交官的大脑控制住了，让他们在无助和绝望中将这场战争发动了。故此，我们发现，并非像迪金逊教授所说的那样，是统治者、军人以及外交官将普通民众引到了这场灾难里面，而是普通民众自己——由于他们的自私、胆怯，以及在最后时刻的惊恐、不知失措，这种普通民众自己的胆怯与恐惧将那些可怜、孤立、无援的统治者、军人以及欧洲外交官们推向了一个深渊，推进了战争的地狱里面。在这里我实在很想说的是，今天欧洲之所以会出现那种悲惨的全无希望的局面，其根源就在于此刻正处在战争状态里的各国在职的统治者、军人以及外交官们的那种可怜兮兮的、让人怜悯同情的无能为力。

通过我在上文所描述的事情，很明显地可以看出，如果要想保持欧洲当前以及将来的持久和平，我们第一件需要做的事并不是按照迪金逊教授说的去让民众参与到政治中去，而是将他们永远赶出政府去。这些普通民众只是一些乌合之众，他们太过于自私和胆怯。不管什么时候面对和平或者战争，都会感到恐惧不已。换句话说，如果要想在欧洲保持和平的话，我认为第一件需要做的事，就是让统治者、军人以及外交官们得到保护，不让民众去骚扰他们，让他们免受群氓的困扰。那些乌合之众所带来的恐惧，只能让他们感到更加无助。实际上，先不说将来怎样，如果想要把当前欧洲从困境中拯救出来，我认为只有一条能够行得通的路径，那就是首先将那些处在战争状态里的统治者、军人以及外交官拯救出来，将他们从当前的无能为力中拯救出来。在这里，我希望能够指出，当前欧洲出现的这种悲惨无助的局面，原因就在于每个人都渴望和平的到来，但是却没有一个人有勇气和胆识去制造和平。所以我认为，我们第一件要做的事，就是将统治者、军人以及外交官们从当前的无助中拯救出来。并找到一些能够将权力赋给他们的方法——从而他们可以运用这些权力去争取和平的到来。因此，我认为只有一条能够行得通的路，那就是为了欧洲人民——为了欧洲人民不会再度开战，就必须要将当前的宪章——也就是《自由大宪章》撕毁，并将一个全新的宪章制定出来——这就好像在中国，我们国家的良民宗教所赋予我们中国人的那部"忠诚大宪章"。

这个全新的"忠诚大宪章"，要求交战国的民众必须要接受以下的誓言：第一，不能以任何一种方式去讨论、参与或者是干预如今战争的政治；第二，不管现任统治者对他们做出怎样的和平条约，他们都应当无条件地接受、顺从并且遵守。这一新的"忠诚大宪章"当即就将权力赋予交战国，一旦他们拥有这种权力，也就有了去制造和平的勇气。实际上，如果拥有了这种权力与勇气，和平当即便能够掌控和驾驭。我完全相信，一旦交战国的现任统治者被赋予了这种权力，他们立刻就能够掌控和平。我之所以敢说我如此坚信，是因为那些交战国的统治者们，除非他们都是一些无药可救的疯子或者魔鬼，实际上人们也不得不承认他们的确不是——甚至，在此我斗胆妄言一句，那个当前最受人诽谤的欧洲人，也就是德皇也同样不是——这些交战国的统治者们必须要认识到，算起来他们总共每天都要将九百万英镑浪费掉，而这些钱都是他们的国民辛苦挣来的血汗钱，他们用这些人去屠杀成千上万的无辜生命，去摧毁千千万万的妇女的家庭与幸福，这实在是一种来自地狱的疯狂。但是，为何交战国的统治者、军人以及外交官们却不曾看到这一点呢？这是由于他们在群氓的恐惧面前，在那种普通民众的恐惧面前，感觉到自己无能为力。实际上，如同我曾经说过的一样，那种无能为力已经控制他们的大脑并使其瘫痪。因此我认为，如果想要拯救当前欧洲的局势的话，要做的首先就是，将权力给交战国的统治者、军人以及外交官，将他们从那种群氓的恐惧——也就普通民众的恐惧里面拯救出来。

在这里我想要进一步指出的是，当前欧洲的这种悲惨无援的局面，不仅仅是根源于统治者、军人以及外交官们的无能为力，而且也是由于交战国中每一个人自身的无能为力。每个人对此都无可奈何，并且不懂得这场不是处于任何人的需要，仅仅只是由那种群氓的恐惧引发的战争，实际上是一种地狱之中的疯狂。就像我已经说过的那样，这是因为那种群氓的恐惧已经控制了每个人的大脑并使其瘫痪。人们甚至还能够在迪金逊身上发现这一点。虽然他专门写文章反对战争，谴责那些导致战争发生的统治者、军人以及外交官们。但是迪金逊教授自己也没有意识到，群氓的恐惧已经控制了他的大脑。他在其文章的开篇就说明，他的文章并非什么"停战"书。他接着还说道：

"我以为，正如全部英国人也都这么以为，既然已经处在了交战之中，那我们就应当彻底将战争进行到底，直至我们的领土完整以及人们的安居乐业不再遭受任何一点损害为止，以及人类的智慧可以给欧洲的和平提供确实的保证之时为止。"大英帝国的统一与安定，以及整个欧洲的和平，难道只有通过每天接着没有尽头地去将九百万英镑浪费掉，去将千千万万无辜的生命屠杀掉才能够获得？！我认为，这么一个天大的谬论，只有那些满脑子都充满了群氓的恐惧的人才会说出来。好一个所谓的欧洲和平啊！我认为，如果这种无意义的耗费以及滥杀无辜能够继以时日的话，和平肯定也会到来，但是恐怕到时候欧洲已经完全从地球上消失了。是的，如果有什么能够证明普通民众的确不适合决定战争与和平问题的话，那么迪金逊教授的那种心理态度毫无疑问地应当是最佳的首选。

在这里，我想要坚持表明的一点是，交战各国的人民都在渴望和平的到来，但是却没有人具备制止战争、创造和平的能力。正是由于这个没有人具备能力去制止战争、创造和平的事实，让每个人都无法看到和平的实现道路，也都以为和平几乎是没有什么希望了。这种对和平到来可能的绝望心态，让交战国的人民无法明白这场无人渴求并且单单是群氓的恐惧所引发的战争，正是一场地狱之中的疯狂。故此，为了让人们将这场战争仅仅是一种地狱之中的疯狂看清楚，我们首先要去做的是，让人们能够看到和平到来的可能以及希望。为了让人们可以看到和平到来的可能以及希望，我们首先要做的一件最为简单的事就是，当即中止这场战争。应当授予某人充分的权力去将战争制止。为了将绝对的权力赋予那些交战国的统治者，需要制定出我所说的那种"忠诚大宪章"——因为它可以赋予统治者马上将这场战争停止的绝对权力。人们一旦看到战争可以被制止，交战国的民众，除了少数无药可救的疯子以外，都可以清楚这场无人渴求的，仅仅是群氓的恐惧引发的战争不过是一种地狱之中的疯狂。如果这场战争接着继续下去的话，即便是那些即将获得胜利的国家，也将难逃被毁灭的命运。交战国的统治者一旦拥有让战争停止的权力，交战国的人民一旦明白了这场战争实际上只是一种地地狱之中的疯狂，也只有到了那个时候，人们才能够且容易具备如同美国威尔逊总统那样成功地做出和平的号召，才能如同日俄战争期间的前总统西奥多·罗斯福那样，马上将战争制止，从而找到一条通往永久和平的道路。我之所以这么说，是因为我深信，为了能够实现和平，交战国的统治者们所必须要做的唯一关键之事，就是盖一座精神病医院，并将那少数无药可救的疯子关在里面——比如像迪金逊教授那种满脑子充满了群氓的恐惧之辈——这恐惧是对大英帝国的完整与安全以及整个欧洲和平前景的一种恐惧！

故此，我认为，对于交战国的人民来说，这场战争的唯一出路，就是将当前的这个《自由大宪章》撕毁，并将一种全新的大宪章制定出来，这种新宪章并非是什么自由大宪章，而是在我们中国的良民宗教所拥有的那种"忠诚大宪章"。

为了证明我这个建议的有效性，在此我想提醒欧美人民注意下面这个事实：正是日本与俄国人民对其统治者的绝对忠诚，才让前总统罗斯福可以对已故的日本天皇与俄国现任沙皇成功地做出一种呼吁，并有效地结束了日俄战争，最后还在朴次茅斯达成了一个和平协议。在日本，日本民众的这种绝对忠诚，受到了从中国学习得来的良民宗教的那个"忠诚大宪章"的保护。但是在俄国，俄国民众的那种绝对忠诚却是依靠鞭子的力量而得到的，这是因为具备"忠诚大宪章"的那个良民宗教在俄国并不存在。

现在，我们来看一下，在签订了朴次茅斯条约之后，在像日本一样拥有良民宗教和"忠诚大宪章"的国家，以及像俄国一样的没有这种宗教及其宪章的国家，他们各自都发生了些什么。在日本，签订了朴次茅斯条约之后，由于东京人民的良民宗教受到了欧洲新学的破坏，他们示威游行并试图去制造恐怖——但是，在日本人民内心不朽的"忠诚大宪章"，在一些警察的帮助下，仅仅用了一天的时间就将游行和骚乱平息了。并且，在此之后日本不仅实现了和平，而且整个远东也大大地安定了。但是在俄国，自签订了朴次茅斯条约之后，俄国国内各地的民众也举行了游行并且试图制造恐惧。但是因为俄国缺少那种良民宗教，并且那条让俄国人民绝对忠诚得以维系的皮鞭也已经断裂开了。自那之后，俄国的普通民众就有绝对的权利去制造骚乱以及去立宪、去游行并且制造恐惧——制造那种对大俄帝国以及斯拉夫种族的统一与安全、整个欧洲的和平前景的恐惧。造成的结果是，当奥匈帝国与俄国之间关于怎样处置杀害奥地利大公的凶手这个问题上发生了很小的分歧之时，俄国的普通民众、那些群氓就争吵了起来，并且制造出了那种危害大俄帝国的统一与安全的恐惧，因此俄罗斯帝国及其大臣就动员了所有的俄国军队。换句话说，动员了约翰·史密斯、博布斯与摩西·拉姆所创造出来的那种可怕的现代机器。当那种可怕的现代机器——也就是俄国的现代军国主义发动起来的时候，在整个欧洲人民当中马上引发了一种普遍的恐惧，正是这种遍布全欧洲的恐惧将交战国的统治者、军人以及外交官的大脑控制并麻痹，让他们无能为力，而正是这种无能为力，就像我在前面说过一样，引发了这场恐怖的战争。

所以，如果你进行深入的考察，你就能发现引发这场战争的真正根源就在于《朴次茅斯和约》。我之所以这么说，那是因为在那个条约签订之后，那皮鞭以及那皮鞭所代表的力量在俄国彻底破裂了，因此，再也没有什么力量可以让大俄帝国免受普通民众，其实是群氓的恐惧的侵扰，事实上，这种侵扰就是那种对沙俄帝国以及斯拉夫种族统一与安全的恐惧的侵扰。德国的大诗人海涅——一个最杰出优秀的自由主义者，那个时代最为优秀的自由主义斗士，以非同寻常的洞察力指出："俄国的这种专制是一种真正的独裁，它绝对不容许任何别的可能传播我们现代自由观念的东西存在。"实际上,在我将《朴次茅斯和约》重申之后,俄国的那种专政——也就是那条皮鞭,以及皮鞭的力量已经彻底毁掉了。故此,也就再也没有什么力量可保护俄国统治者、军人以及外交官不去遭受群氓的侵扰了。而我说过的战争的根源就是这些群氓。换句话说,引发这场战争的真正根源,就是这种群氓的恐惧。

以前,欧洲各国那些负责任的统治者可以维持国内秩序,并且保持整个欧洲的国际和平,就是因为他们对上帝敬畏和崇拜。而现在,我想要指出的是,今天欧洲国家的统治者、军人以及外交官所敬畏以及崇拜的不再是上帝,而是群氓——也就是他们国内的普通民众。在拿破仑战争之后,那个将神圣同盟建立起来的沙皇亚历山大一世,不仅可以保持俄国国内的秩序,而且还可以保持整个欧洲的国际和平,这就是因为他对上帝敬畏。而现在的俄国沙皇既无法保持国内的秩序,也无法保证整个欧洲的和平,那是由于他所敬畏的不再是上帝,而是我们说过的那些群氓。在大不列颠帝国中,像克伦威尔那样的统治者,既可以维持自己国内的秩序,也可以保证整个欧洲的和平,正是由于他们崇拜的是上帝。但是今天的大不列颠帝国的现任统治者,诸如格雷勋爵、艾思奎斯、丘吉尔和劳合·乔治一类负责任的政治家,既无法维持国内的秩序,也无法保证整个欧洲和平,那是由于他们崇拜的不是上帝,而是那些群氓——这些群氓不仅是英国国内的,还包括其他国家的。在俄罗斯杜马被解散时,大不列颠那位已故的首相坎贝尔·班勒门先生,大声高呼:"杜马完蛋了,那可恶的杜马!"

我在前文里已经说过,引发这场战争的真正根源便是俄国的那种群氓恐惧。现在,我在这里想要说的是,引发这场战争的真正的第一个根源并不是俄国的那种群氓恐惧。第一个根源是对群氓的崇拜，它不仅仅是这场战争的根源，同时也是当今世界一切无政府状态、恐惧、痛苦的根源。当今的欧美国家崇拜的是群氓，特别在大不列颠更是如此。正是大不列颠的这种群氓崇拜，招致并促成了这场日俄战争的爆发。日俄战争结束之后，《朴次茅斯和约》的签订，再加上英国首相的大声高呼，便将俄国皮鞭及其力量彻底毁坏了，也就是将海涅所说的那种"专政"给完全击垮了，并且引发了俄国的群氓恐惧。正如前文所说的那样，这种群氓恐惧引发了这场恐怖的战争。在这里，我还要顺便提一下，正是大不列颠的这种群氓崇拜，以及在华的英国人和其他外国人之中的这种群氓崇拜——实际上这种群氓崇拜是从英美舶来的——它们招致了中国当前的共和梦魇，并在中国造成革命的发生。因此也就给当今世界上最宝贵的那些文明财富——也就是真正的中国人造成了一种毁灭性的威胁。故此，我认为，除非将大不列颠的这种群氓崇拜，以及如今的欧美群氓崇拜马上消灭干净，否则的话，它不仅会将欧洲文明毁灭，而且还会将全人类的文明毁灭。

现在，我认为对于我来说，唯一可以将这种群氓崇拜——这种威胁并毁灭当今世界文明的群氓崇拜——消灭干净的东西，正是我们上面所说的"忠诚之教"，也就是我们中国人的良民宗教中所拥有的诸如"忠诚大宪章"之类的东西。这种"忠诚大宪章"将能保护一切国家的在职的统治者、军人以及外交官不再遭受群氓的侵扰，并且可以让他们有能力去维护国内秩序，并且保证国际和平。另外，这种所谓的"忠诚大宪章"——也就是这种具备"忠诚大宪章"的良民宗教，让一切良民都有能力去帮助他们那些合法的统治者，去将群氓打倒——将让一切国家的统治者都有能力去维护国内以及国际的和平与秩序，并且还不需要动用皮鞭、警察以及士兵，一句话，也就是不需要什么军国主义。

接着，在我得出定论之前，我想再去谈论一下军国主义，德国军国主义。前面我已经说过，引发这场战争的第一个根源就是大不列颠的那种群氓崇拜。在这里我想要说明的是，如果引发这场战争的第一个根源正是大不列颠的群氓崇拜的话，那么引发这场战争的直接原因就是德国的那种强权崇拜。根据报道，在俄国沙皇签署俄军动员令之前，他就曾经说过："我们已经为此忍耐七年了，现在应当是结束的时候了。"

沙皇的这些激情昂扬的话语，表明他以及整个俄罗斯民族必定遭受过德国强权崇拜所造成的痛苦。实际上，如同我已经说过的那样，大不列颠的那种群氓崇拜将俄国沙皇手里的皮鞭破裂了，这让他在反对那些崇拜战争的群氓时是何等的无能为力。并且，德国的强权崇拜又让他将本性丧失，和群氓一块参与了这场战争。我们由此可以看出，这场战争的真正根源就是大不列颠的群氓崇拜以及德国的强权崇拜。我们中国的良民宗教的《论语》中曾经说过："罔违道以干百姓之誉，罔咈百姓以从己之欲。""违道百姓之誉"在这里所指的就是我所说的那种群氓崇拜；"拂百姓以从己之欲"在这里所指就是我所说的那种强权崇拜。因此，一旦具备了这种"忠诚大宪章"，一个国家的在职的大臣以及政治家们就会认为他们并不是应该对那些群氓负责，也不是应该对那些无知的乌合民众负责，而是应该对他们的国王以及自己的良心负责。并且，这样就可以防止他们"违道以干百姓之誉"，其实也就是防止他们陷入到群氓崇拜的恶劣境地。另外，"忠诚大宪章"也能让国家的统治者感到身上所承担的重任，而这同时也是"忠诚大宪章"赋予他们的权力，这样就可以防止他们陷入"拂百姓以从己之欲"的卑劣境地。实际上，这就是防止他们出现强权崇拜。如此一来，我们就可以看到，这种"忠诚大宪章"——也就是这种具备"忠诚大宪章"的良民宗教，将会对消灭群氓崇拜以及强权崇拜有很大的帮助，而群氓崇拜和强权崇拜，恰恰就是我前文所述的战争的根本原因。

法国人茹伯在经历过法国大革命之沿，在对现代自由呼声做出回答时说道："你应当为自由的灵魂而呼唤，而不应当只为自由的人而呼唤。道德自由是一种最重要的自由，这种自由是不可或缺的。至于其他的自由，只有当它和道德自由相符的时候，才是好的、有益的。就其本身来说，服从比自主更为优越。因为它们一个意味着序列；另一个则意味着孤立的自负。一个意味着和谐；另一个则意味着单调。一个意味着整体；而另一个则只是意味着局部。"

那么，以上这些就是我想要指明的，这就是欧洲人民——当前正处在战争状态的欧洲人民不仅要将战争摆脱，而且还要将整个欧洲文明乃至全世界文明拯救的唯一行得通的道路。意思也就是说，他们现在应当将《自由大宪章》撕毁，而将一种全新的"忠诚大宪章"制定出来。实际上，也就是采用中国人所拥有的那个"忠诚大宪章"的良民宗教。

而现在，世界的新秩序正在被重新奠定！